Heilpraktiker Psychotherapie

700 Fragen und Antworten

Hinweise zu diesem Buch

Dieses Buch dient der Vorbereitung auf die Heilpraktikerprüfung (Psychotherapie). Es kann nicht ausgeschlossen werden, dass trotz großer Sorgfalt des Autors inhaltliche Fehler oder missverständliche Formulierungen enthalten sind. Eine Mitverantwortung am Ausgang der Prüfung oder an anderen Folgen, die die Bearbeitung der Inhalte dieses Buches für den Leser mit sich bringen, kann vom Autor nicht übernommen werden. Die Fragen und Antworten sich nicht als Handlungsempfehlungen in der therapeutischen Arbeit zu verstehen. Es handelt sich ausschließlich um prüfungstaugliche Beschreibungen und Erläuterungen.

Der Autor Wolfgang Zimmer

Wolfgang Zimmer ist Heilpraktiker für Psychotherapie und arbeitet in seiner Praxis in Süddeutschland. Seit mehr als 10 Jahren beschäftigt er sich mit der Heilpraktikerprüfung und hat mehr als zweihundert Heilpraktiker erfolgreich auf die amtsärztliche Überprüfung vorbereitet. Wolfgang Zimmer wurde unter anderem durch seine Bücher zur Heilung mit Quantenenergie bekannt.

Zweite Auflage
© 2010 - Zimmer, Wolfgang - ISBN: 978-3-8391-1245-8
Herstellung und Verlag: Books on Demand GmbH, Norderstedt
Alle Rechte liegen beim Autor

Inhaltsverzeichnis

Buchempfehlungen

Wolfgang Zimmer: Quantenenergie in der Praxis

Der Autor zeigt in diesem Buch, wie einfach es sein kann, die ursprüngliche Energie, aus der jede Materie und alle Gedanken entspringen, zum Zweck der Selbstheilung und Heilung anderer Menschen zu nutzen. Diese auch Quantenenergie genannte Kraft hat die Fähigkeit, Harmonisierungen des Körpers und der Psyche vorzunehmen, wenn richtig damit umgegangen wird. Wie einfach das geht, schildert der Autor ohne Umschweife und so, dass die Techniken und Vorgehensweisen direkt in die Praxis umgesetzt werden können. Und das Besondere ist: Jeder kann es erlernen! Überzeugen Sie sich selbst! *ISBN 978-3-8391-6624-6*

Wolfgang Zimmer: Quantenenergie in der Praxis 2

Die Fortsetzung des erfolgreichen Buches von Wolfgang Zimmer ist da! Wolfgang Zimmer führt die Leser weiter in die Details der Quantenheilung ein. Erneut zeigt der Autor, der als Heilpraktiker für Psychotherapie täglich mit Quantenenergie arbeitet, wie einfach diese Heilungsmethode anzuwenden ist, und wie leicht auch Neulinge der energetischen Arbeit die Grundprinzipien verstehen und selbst damit heilend arbeiten können. Wolfgang Zimmer stellt neue Übungen zur Synchronisation vor, die in ihrer Wirkungsweise tiefer gehen als die bisherigen. Gleichzeitig erläutert er neue Techniken des Heilens auf Basis der Quantenenergie. Als Zugabe beantwortet der erfahrene Quantenheiler viele typische Fragen zur energetischen Arbeit. Ein Muss für alle Quantenheiler! *ISBN 978-3-8391-8266-6*

Wolfgang Zimmer: Angstfrei mit Quantenenergie

Der Autor liefert mit diesem Buch eine präzise Anleitung für die Aktivierung von Selbstheilungs- und Harmonisierungskräften des menschlichen Organismus mit Hilfe der Quantenenergie. Alle Schritte werden einfach erklärt und können zum Abbau von Ängsten direkt in der Praxis ausprobiert werden. Ergänzen sie ihre Selbstbehandlung oder die Arbeit mit Klienten in ihrer Praxis mit Hilfe der dargestellten Techniken und helfen sie ihnen damit, ihre Ängste schneller zu verlieren. *ISBN 978-3-8391-6129-6*

Wolfgang Zimmer: Zwänge abschalten mit Quantenenergie

Der Autor liefert mit diesem Buch eine präzise Anleitung für die Aktivierung von Selbstheilungs- und Harmonisierungskräften des menschlichen Organismus mit Hilfe der Quantenenergie. Alle Schritte werden einfach erklärt und können zum Abbau von Zwängen und zur Behandlung von Zwangsstörungen direkt in der Praxis ausprobiert werden. Ergänzen sie ihre Selbstbehandlung oder die Arbeit mit Klienten in ihrer Praxis mit Hilfe der dargestellten Techniken und helfen sie ihnen damit, ihre Zwänge schneller zu verlieren und ein neues, zwangloses Leben zu beginnen. *ISBN 978-3-8391-3901-1*

1. Nennen Sie quantitative Bewusstseinsstörungen!
2. Erläutern Sie den Zustand der Somnolenz!
3. Beschreiben Sie den Zustand der Benommenheit!
4. Unterscheiden Sie Präkoma und Koma!
5. Beschreiben Sie den Zustand des Sopor!
6. Nennen Sie Ursachen für quantitative Bewusstseinsstörungen!
7. Beschreiben Sie das apallische Syndrom!
8. Beschreiben Sie den Zustand der Bewusstseinseintrübung!
9. Nennen Sie qualitative Bewusstseinsstörungen!
10. Beschreiben Sie den Zustand der Bewusstseinsverschiebung!
11. Erläutern Sie den Zustand der Bewusstseinseinengung!
12. Erläutern Sie den Zustand des Delirium tremens!
13. Nennen Sie ein Synonym für Bewusstseinsverschiebung!
14. Bei welcher Gruppe von psychischen Erkrankungen kommt es häufig zu Orientierungsstörungen?
15. Welche Ursachen für qualitative Bewusstseinsstörungen kennen Sie?
16. Was versteht man unter dem Korsakow-Syndrom?
17. Was wissen Sie über den Schweregrad verschiedener Orientierungsstörungen?
18. Was wird mit dem Begriff Konfabulation bezeichnet?
19. Nennen Sie einen anderen Begriff für das Korsakow-Syndrom!
20. Ist das Korsakow-Syndrom reversibel?
21. Nennen Sie Ursachen für das Korsakow-Syndrom!
22. Nennen Sie Formen der Paramnesie!
23. Was ist eine Paramnesie?
24. Was versteht man unter Déjà-vu, Déjà-vecu und Jamais-vu?
25. Was versteht man unter Ekmnesie?
26. Was versteht man unter einer Amnesie?
27. Was wird mit dem Begriff Hypermnesie bezeichnet?
28. Wie wird eine Amnesie genannt, die den Zeitraum vor einem traumatischen Ereignis betrifft?
29. Wie nennt man eine Amnesie, die den Zeitraum nach einem schädigenden Ereignis betrifft?
30. Was ist eine kongrade Amnesie?

31. Was ist eine TGA?
32. Welche Formen von Intelligenzstörungen unterscheidet man?
33. Welche Ursachen für Amnesien kennen Sie?
34. Nennen Sie formale Denkstörungen!
35. Unterscheiden Sie formale und inhaltliche Denkstörungen!
36. Erläutern Sie eingeengtes Denken!
37. Nennen Sie inhaltliche Denkstörungen!
38. Was versteht man unter Gedankensperrung?
39. Unterscheiden Sie verlangsamtes Denken und Denkhemmung!
40. Was versteht man unter weitschweifigem Denken?
41. Nennen Sie einen anderen Begriff für Gedankensperrung!
42. Was versteht man unter Perseveration?
43. Nennen Sie einen anderen Begriff für Weitschweifigkeit!
44. Wie erlebt der Klient Gedankendrängen?
45. Was wird mit dem Begriff Verbigeration bezeichnet?
46. Was versteht man unter Denkzerfahrenheit?
47. Was wird als Ideenflucht bezeichnet?
48. Wie nennt man Zwangshandlungen, die häufig wiederholt werden?
49. Unterscheiden Sie Paralogik und Paragrammatismus!
50. Unterscheiden Sie Zwänge von Ich-Störungen!
51. Bei welchen Erkrankungen kommt es zu Zwangssymptomen?
52. Was versteht man unter Phobien?
53. Welche Formen der Angst gibt es?
54. Worin besteht eine Wahnerinnerung?
55. Unterscheiden Sie Wahneinfall und überwertige Idee!
56. Was ist ein symbiontischer Wahn?
57. Was versteht man unter Erklärungswahn?
58. Unterscheiden Sie Eifersuchtswahn und Liebeswahn!
59. Erklären Sie die Begriffe Wahnarbeit und Wahnsystem!
60. Was ist eine Halluzination?
61. Erläutern Sie den Begriff Dermatozoenwahn!
62. Was sind Zönästhesien?
63. Was ist eine vestibuläre Halluzination?
64. Was wird mit dem Begriff hypnagoge Halluzination bezeichnet?

65. Unterscheiden Sie Zönästhesien und Leibhalluzinationen!
66. Was ist eine Illusion?
67. Was ist eine Pseudohalluzination?
68. Was versteht man unter Depersonalisation und Derealisation?
69. Was sind Pareidolien?
70. Beschreiben Sie Gedankeneingebung und Willensbeeinflussung!
71. Worin besteht der Unterschied zwischen Ich-Störungen und Entfremdungserlebnissen?
72. Unterscheiden Sie Affektstarre und Affektarmut!
73. Unterscheiden Sie Gedankenausbreitung, Gedankenlautwerden und Gedankenentzug!
74. Was ist Dysphorie?
75. Nennen Sie ein Synonym für den inadäquaten Affekt!
76. Unterscheiden Sie Euphorie und läppischer Affekt!
77. Unterscheiden Sie Dysphorie und Deprimiertheit!
78. Unterscheiden Sie motorische Unruhe und Ambitendenz!
79. Bei welchen psychischen Störungen kommt es zu Affektstörungen?
80. Was wird mit dem Begriff Mutismus bezeichnet?
81. Was versteht man unter Stupor?
82. Was ist Paramimie?
83. Unterscheiden Sie Echolalie, Echopraxie und Logorrhö!
84. Bei welcher Art von psychischer Erkrankung kommen Antriebsstörungen häufig vor?
85. Unterscheiden Sie Manierismus und theatralisches Verhalten!
86. Was versteht man unter Inzidenz?
87. Unterscheiden Sie Komorbidität und Multimorbidität!
88. Was versteht man unter dem Morbiditätsrisiko?
89. Erläutern Sie den Begriff Prävalenz!
90. In welche beiden Gruppen können akute organische Psychosyndrome eingeteilt werden?
91. Was wissen Sie über die Rückbildungsfähigkeit akuter organischer Psychosyndrome?
92. Welche Arten von Hirnschädigungen sind vor allem Ursache für akute organische Psychosyndrome?
93. Was versteht man gemäß ICD-10 unter einem Delir?

94. Welche Formen psychoorganischer Syndrome mit Bewusstseinsveränderungen gibt es?

95. Nennen Sie die typischen Symptome des amentiellen Syndroms (Verwirrtheit)?

96. Welche Symptome kennzeichnen das traditionelle Delir?

97. Durch welche Symptome ist das subdelirante Syndrom gekennzeichnet?

98. Welche Symptome kennzeichnen den Dämmerzustand?

99. Bei welcher Erkrankung kommt es bevorzugt zu Dämmerzuständen?

100. Nennen Sie die typischen Symptome des Korsakow-Syndroms!

101. Was versteht man unter einem Durchgangssyndrom?

102. Welche Differenzialdiagnosen spielen bei Verdacht auf Delir eine besondere Rolle?

103. Wie können ausgeprägte akute organische Psychosyndrome nachträglich erkannt werden?

104. Wie werden akute organische Psychosyndrome typischerweise behandelt?

105. Warum ist das frühzeitige Erkennen akuter psychoorganischer Syndrome besonders wichtig?

106. Was wissen Sie über die Prävalenz akuter organischer Psychosyndrome?

107. Welche Art der Hirnschädigung liegt bei chronischen organischen Psychosyndromen meistens vor?

108. Welche beiden Gruppen chronischer organischer Psychosyndrome unterscheidet man?

109. Wodurch unterscheiden sich demenzielle von nicht-demenziellen Psychosyndromen?

110. Durch welche Symptome sind demenzielle Syndrome gekennzeichnet?

111. Welche Formen der Demenz unterscheidet man aus ätiologischer Sicht?

112. Was wissen Sie über die Reversibilität demenzieller Syndrome?

113. Welche Differenzialdiagnosen sind bei Verdacht auf Demenz besonders wichtig?

114. Nennen Sie zwei typische Testverfahren zur Einschätzung einer Demenz!

115. Wie unterscheidet sich Demenz von Oligophrenie?

116. Welches ist die deutlichste symptomatische Unterscheidung zwischen Demenz und Delir?

117. Wie unterscheiden sich Beginn und Verlauf von Demenz und Delir?

118. Nennen Sie die typischen Symptome einer Alzheimer-erkrankung!

119. Was wissen Sie über die Verteilung der Alzheimer-erkrankung bei Frauen und Männern?

120. Geben Sie die typischen Symptome einer Multiinfarktdemenz an!

121. Nennen Sie die typischen Symptome der Pick'schen Erkrankung (Morbus Pick)!

122. Durch welche Symptome ist die CJE (Creutzfeldt-Jakob-Erkrankung) gekennzeichnet?

123. Welche Symptome sind typisch für Chorea Huntington?

124. Durch welche Symptome kennzeichnet sich die Parkinson-Erkrankung?

125. Geben Sie die typische Symptomtrias bei Normaldruck-hydrozephalus an!

126. Welche Symptome sind kennzeichnend für Multiple Sklerose?

127. Zu welchen Symptomen kommt es bei einer Gehirnerschütterung (Commotio cerebri)?

128. Welche Folgen kann eine Gehirnkontusion (Contusio cerebri) nach sich ziehen?

129. Nennen Sie die Symptome zweiten Ranges nach Kurt Schneider (Schizophrenie)!

130. Nennen Sie die Symptome ersten Ranges nach Kurt Schneider (Schizophrenie)!

131. Welches sind die akzessorischen Symptome der Schizophrenie nach Bleuler?

132. Welches sind die Grundsymptome der Schizophrenie nach Bleuler?

133. Was wird mit dem Begriff Minussymptome bezeichnet und wie werden diese noch genannt?

134. Was versteht man unter Plussymptomen und wie werden diese noch genannt?

135. Was versteht man unter der doppelten Buchführung?

136. Worin unterscheiden sich Typ 1-Schizophrene von Typ 2-Schizophrenen?

137. Welche Symptome sind typisch für die hebephrene Schizophrenie?

138. Durch welche Symptome ist die paranoid-halluzinatorische Verlaufsform der Schizophrenie gekennzeichnet?

139. Welche beiden Symptombereiche sind typischerweise von der katatonen Schizophrenie betroffen?

140. Warum ist die Diagnose der hebephrenen Schizophrenie besonders schwierig?

141. Durch welche Symptome ist die Schizophrenia simplex gekennzeichnet?

142. Welche Motorikstörungen kommen bei katatoner Schizophrenie vor allem vor?

143. Wodurch unterscheidet sich das reine Residuum vom gemischten?

144. Wodurch ist ein schizophrenes Residuum (Residualtyp) gekennzeichnet?

145. Was versteht man unter einer wahnhaften Personenverkennung?

146. In welcher Form kommen Halluzinationen bei schizophrenen Psychosen vor allem vor?

147. Was sind leibliche Beeinflussungserlebnisse und welche typische Form kommt bei Schizophrenie vor?

148. Was sind Zönästhesien?

149. Was versteht man unter einem positiven Knick?

150. Erläutern Sie die Begriffe Neologismen, Schizophasie, Konkretismus, Paralogik, Paragrammatismus!

151. Mit welchen Medikamenten wird Schizophrenie behandelt?

152. Was wissen Sie über die Prognose der Schizophrenie?

153. Geben Sie Prävalenz, Inzidenz und Lebenszeitrisiko der Schizophrenie an!

154. Mit welchem Modell wird die Entstehung einer schizophrenen Psychose erklärt?

155. Wodurch ist die schizoptype Störung gekennzeichnet?

156. Was wissen Sie über die Verteilung schizophrener Psychosen bei Frauen und Männern?

157. Wie wird die schizotype Störung noch genannt?

158. Welche 3 Formen affektiver Psychosen können unterschieden werden?

159. Nennen Sie die Leitsymptome der depressiven Episode!

160. Welche Symptome sind typisch für gehemmte Depression?

161. Durch welche Symptome ist die agitierte Depression gekennzeichnet?

162. Welche Beschwerden kommen bei einer larvierten Depression vor?

163. Welcher Symptombereich ist typisch für die anankastische Depression?

164. Geben Sie die typischen Symptome für die Melancholie (endogene Depression) an!

165. Welche Symptomatik steht bei der psychotischen Depression im Vordergrund?

166. Welche Differenzialdiagnosen spielen bei Verdacht auf Depression eine Rolle?

167. Nennen Sie die Leitsymptome der Manie!

168. Was versteht man unter Hypomanie?

169. Welche Differenzialdiagnosen sind bei Verdacht auf Hypomanie wichtig?

170. Was versteht man unter einer Dysthymia?

171. Was versteht man unter einer Zyklothymia?

172. Was wird mit Rapid-Cycling bezeichnet?

173. Wie wird die Entstehung affektiver Erkrankungen erklärt?

174. Wie werden affektive Erkrankungen behandelt?

175. Geben Sie Prävalenz, Lebenszeitrisiko und Geschlechterverteilung affektiver Erkrankungen an!

176. Was versteht man unter einer zykloiden Psychose?

177. Nennen Sie die typischen Formen der wahnhaften Störung!

178. Wodurch ist die wahnhafte Störung im Unterschied zu affektiven und schizophrenen Störungen gekennzeichnet?

179. Was versteht man unter symbiontischem Wahn und wie nennt man ihn noch?

180. Was versteht man unter Dysmorphophobie?

181. Was versteht man unter Erklärungswahn?

182. Unterscheiden Sie Wahnwahrnehmung und Halluzination!

183. Mit welcher Medikamentengruppe kann ggf. die Wahndynamik beeinflusst werden?

184. Wodurch ist eine wahnhafte Personenverkennung gekennzeichnet?

185. Welche psychotherapeutischen und soziotherapeutischen Interventionen können bei wahnhaften Störungen zum Einsatz kommen?

186. Welche beiden Gruppen von Angststörungen unterscheidet man?

187. Was versteht man unter Realangst?

188. Wie lautet der klassische Begriff für kontextunabhängige Angststörung?

189. Welche typischen körperlichen Beschwerden kommen im Zusammenhang mit Angststörungen vor?

190. Warum sind Angststörungen oft schwer feststellbar?

191. Wie nennt man kontextabhängige Ängste und wodurch sind sie gekennzeichnet?

192. Was versteht man unter einer sozialen Phobie und wie wird sie noch genannt?

193. Was versteht man unter einer Agoraphobie und wie wird sie noch genannt?

194. Nennen Sie die deutschen Entsprechungen für die Begriffe Klaustrophobie, Aviophobie, Zoophobie und Akrophobie!

195. Unterscheiden Sie Platzangst von Klaustrophobie!

196. Was versteht man unter einer Panikstörung?

197. Welche sekundären Reaktionen treten bei Panikstörungen auf?

198. Wodurch wird die generalisierte Angststörung gekennzeichnet?

199. Geben Sie das Lebenszeitrisiko und die Geschlechterverteilung für die generalisierte Angststörung an!

200. Nennen Sie zwei Testverfahren zur Feststellung von Angststörungen!

201. Welche Medikamente kommen bei Angststörungen zum Einsatz?

202. Nennen Sie zwei verhaltenstherapeutische Interventionsformen in der Angsttherapie!

203. Was versteht man unter Phobophobie?

204. Geben Sie Lebenszeitrisiko und Geschlechterverteilung von Angsterkrankungen an und nennen Sie die häufigste Form!

205. Welche Formen von Zwangsstörungen gibt es?

206. Nennen Sie typische Zwangsgedanken!

207. Welches ist die häufigste Form der Zwangshandlungen?

208. Was wissen Sie über die Meinhaftigkeit bei Zwangsstörungen?

209. Welche typischen Zwangsimpulse gibt es?

210. Mit welchen Medikamenten werden Zwangsstörungen behandelt?

211. Geben Sie Lebenszeitrisiko und Geschlechterverteilung für Zwangsstörungen an!

212. Mit welchem Verlauf ist bei Zwangsstörungen zu rechnen?

213. Welches psychotherapeutische Verfahren wird bei Zwangsstörungen typischerweise angewandt?

214. Welche Symptome kennzeichnen die akute Belastungsreaktion und wie wird sie noch genannt?

215. Nennen Sie die typischen Symptome einer posttraumatischen Belastungsstörung!

216. Welche Folgen kann eine posttraumatische Belastungsstörung nach sich ziehen?

217. Was versteht man unter einer Anpassungsstörung?

218. Beschreiben Sie typische Ausprägungen einer andauernden Persönlichkeitsveränderung nach Extrembelastung!

219. Nennen Sie Merkmale und Beispiele zu Belastungen, die zu einer andauernden Persönlichkeitsveränderung führen können!

220. Welche Medikamente kommen bei der Behandlung von Belastungsreaktionen und Anpassungsstörungen zur Anwendung?

221. Welche Psychotherapieverfahren sind zur Behandlung von Belastungsreaktionen und Anpassungsstörungen typisch?

222. Welcher Verlauf ist bei Belastungsreaktionen und Anpassungsstörungen zu erwarten?

223. Wie nennt man dissoziative Störungen noch?

224. Welches ist das Hauptmerkmal einer dissoziativen Störung?

225. Was versteht man unter dem Arc de cercle?

226. Was wissen Sie über die Geschlechterverteilung und den Häufigkeitsgipfel dissoziativer Störungen?

227. Mit welcher Anfallssymptomatik ist der dissoziative Krampfanfall vergleichbar (Differenzialdiagnose)?

228. Nennen Sie Formen dissoziativer Bewegungsstörungen!

229. Was ist eine dissoziative Identitätsstörung und wie wird sie noch genannt?

230. Welche dissoziativen Sensibilitäts- und Empfindungsstörungen gibt es?

231. Was versteht man unter einer dissoziativen Amnesie?

232. Unterscheiden Sie die multiple Persönlichkeit von Schizophrenie!

233. Beschreiben Sie die dissoziative Fugue!

234. Was wissen Sie über Beginn und Ende einer dissoziativen Amnesie?

235. Was wissen Sie über die Meinhaftigkeit bei Depersonalisation?

236. Was versteht man unter dissoziativem Stupor?

237. Welche Medikamente kommen bei dissoziativen Störungen zum Einsatz?

238. Was wissen Sie über die Alltagsbewältigung von Patienten mit dissoziativen Störungen?

239. Welcher Verlauf ist bei dissoziativen Störungen zu erwarten?

240. Welche psychotherapeutischen Verfahren kommen bei dissoziativen Störungen typischerweise zum Einsatz?

241. Was wissen Sie über die Geschlechterverteilung und die Altersstruktur bei dissoziativen Störungen?

242. Nennen Sie das Hauptmerkmal somatoformer Störungen und grenzen Sie sie gegen dissoziative Störungen ab!

243. Was ist eine hypochondrische Störung?

244. Was ist eine körperdysmorphe Störung und wie wird sie noch genannt?

245. Was versteht man unter einer Somatisierungsstörung und welches ist die häufigste Form?

246. Wodurch wird die somatoforme Schmerzstörung gekennzeichnet?

247. Unterscheiden Sie Neurasthenie und Burn-Out-Syndrom!

248. Welche somatoforme Störung ist die häufigste und wie hoch ist ihr Lebenszeitrisiko?

249. Was wissen Sie über die Therapie somatoformer Störungen?

250. Mit welchem Verlauf ist bei somatoformen Störungen zu rechnen?

251. Welche Formen von Essstörungen werden unterschieden?

252. Was versteht man unter einer Körperschemastörung?

253. Was wird mit dem Begriff Binge-Eating-Syndrom bezeichnet?

254. Grenzen Sie Bulimie gegen Anorexie ab!

255. Wann liegt Adipositas vor und wie lautet der deutsche Be-griff?

256. Um welche Störung handelt es sich bei der Bulimarexie?

257. Mit welchem Verlauf ist bei Essstörungen zu rechnen?

258. Geben Sie typische psychotherapeutische Verfahren bei Essstörungen an und beschreiben Sie die stationäre Anorexietherapie!

259. Nennen Sie die Phasen der normalen sexuellen Erregung!

260. Geben Sie die Prävalenz sowie Geschlechterverteilung von Anorexie und Bulimie an!

261. Wie werden Störungen mit sexuellen Schmerzen noch genannt?

262. Welche Gruppen sexueller Störungen unterscheidet man?

263. Unterscheiden Sie Transsexualismus und Transvestitismus!

264. Nennen Sie sexuelle Funktionsstörungen!

265. Wie werden Störungen der Sexualpräferenz noch genannt?

266. Was versteht man unter Vaginismus?

267. Was versteht man unter fetischistischem Transvestitismus?

268. Was wissen Sie über die Geschlechterverteilung bei Geschlechtsidentitätsstörungen?

269. Unterscheiden Sie Sadismus und Masochismus!

270. Nennen Sie typische Formen von Paraphilien!

271. Welche Medikamentengruppe kommt bei der Behandlung von Paraphilien zum Einsatz?

272. Unterscheiden Sie Exhibitionismus und Voyeurismus!

273. Erläutern Sie die vier Schritte des PLISSIT-Modells!

274. Mit welchen Medikamenten werden Erektionsstörungen behandelt?

275. Wie häufig treten Störungen der sexuellen Erregung bei verheirateten Frauen und Männern etwa auf?

276. Welche psychotherapeutische Richtung hat bei der Therapie der Sexualstörungen den größten Erfolg?

277. Welche Form der sexuellen Störung kommt am häufigsten bei Frauen, welche bei Männern vor?

278. Wovon ist der Verlauf einer sexuellen Störung vor allem abhängig?

279. Nennen Sie die Phasen des gesunden Schlafes!

280. Worin unterscheiden sich Dyssomnien von Parasomnien und welche Formen gibt es?

281. Grenzen Sie Insomnie gegen Hypersomnie ab!

282. In welcher Schlafphase treten Träume auf und wie groß ist ihr Anteil an der gesamten Schlafdauer?

283. Was versteht man unter Störung des Schlaf-Wach-Rhythmus?

284. Durch welche Symptome ist Narkolepsie gekennzeichnet?

285. Was versteht man unter Pavor nocturnus?

286. Erläutern Sie die Erscheinungsform des Schlafwandelns!

287. Grenzen Sie Pavor nocturnus gegen Albträume ab!

288. Durch welche Symptomatik ist die paranoide Persönlichkeitsstörung gekennzeichnet?

289. Beschreiben Sie die schizoide Persönlichkeitsstörung

290. Beschreiben Sie die dissoziale Persönlichkeitsstörung!

291. Geben Sie ein Synonym und die frühere Bezeichnung für dissoziale Persönlichkeitsstörung an!

292. Beschreiben Sie die emotional instabile Persönlichkeitsstörung und geben Sie die beiden Typen an!

293. Erläutern Sie die histrionische Persönlichkeitsstörung und nennen Sie ein Synonym!

294. Wodurch ist die anankastische Persönlichkeitsstörung gekennzeichnet und wie wird sie noch genannt?

295. Erläutern Sie die ängstliche Persönlichkeitsstörung und geben Sie zwei weitere Begriffe dafür an!

296. Beschreiben Sie die abhängige Persönlichkeitsstörung und nennen Sie zwei synonyme Begriffe!

297. Wie lautet der frühere (veraltete) Begriff für Persönlichkeitsstörung?

298. Nennen Sie die "Big Five" der Persönlichkeitsexploration!

299. Geben Sie zwei Tests zur Persönlichkeitsdiagnostik an!

300. Welches Ziel verfolgt die Therapie der Persönlichkeitsstörungen hauptsächlich?

301. Was ist der deutlichste symptomatische Unterschied zwischen schizotyper Persönlichkeit und Schizophrenie?

302. Was wissen Sie über die pharmakologische Therapie der Persönlichkeitsstörungen?

303. Welche psychotherapeutischen Verfahren kommen bei Persönlichkeitsstörungen bevorzugt zum Einsatz?

304. Geben Sie die Prävalenz und die häufigsten Formen der Persönlichkeitsstörungen an!

305. Was wissen Sie über die Geschlechterverteilung bei Persönlichkeitsstörungen?

306. Mit welchem Verlauf ist bei Persönlichkeitsstörungen zu rechnen?

307. Nennen Sie die drei wesentlichen Formen von Störungen der Impulskontrolle!

308. Was versteht man unter Pyromanie und wie wird sie noch genannt?

309. Was versteht man unter Kleptomanie und wie wird sie noch genannt?

310. Erläutern Sie Trichotillomanie und Poriomanie!

311. Beschreiben Sie das pathologische Spielen (Spielsucht)!

312. Welche Medikamente kommen bei Impulskontrollstörungen zum Einsatz?

313. Welcher typische Ablauf findet sich bei Störungen der Impulskontrolle?

314. Mit welchem Verlauf ist bei Impulskontrollstörungen zu rechnen?

315. Was wissen Sie über die Geschlechterverteilung bei Impulskontrollstörungen?

316. Grenzen Sie die Begriffe Sucht und Gewöhnung gegeneinander ab!

317. Welche Stoffe fallen heute unter den Begriff Droge?

318. Was versteht man unter Polytoxikomanie?

319. Was wird mit "craving" bezeichnet?

320. Geben Sie die relativen Häufigkeiten der verschiedenen Abhängigkeiten an!

321. Welche Typen von Abhängigkeit unterscheidet die WHO?

322. Welche nicht stoffgebundenen Süchte kennen Sie? Zu welcher Störungsgruppe rechnet sie die ICD-10?

323. Welches sind typische Ursachen für Polytoxikomanie?

324. Nennen Sie die Abhängigkeitskriterien nach ICD-10!

325. Wie hoch ist die Suizidrate bei Abhängigen?

326. Nennen Sie die Entwicklungsstadien der Alkoholabhängigkeit!

327. Wie viele Abhängigkeitskriterien beschreibt die ICD-10 und wie viele müssen erfüllt sein, damit eine Abhängigkeit diagnostiziert werden kann?

328. Kennzeichnen Sie die prodromale Phase der Alkoholabhängigkeit!

329. Geben Sie die Prävalenz einer behandlungsbedürftigen Alkoholabhängigkeit sowie das Lebenszeitrisiko an!

330. Beschreiben Sie die chronische Phase der Alkoholabhängigkeit!

331. Durch welche Symptome ist die präalkoholische Phase gekennzeichnet?

332. Geben Sie die Typisierung, die Art der Abhängigkeit und die Suchtkennzeichen für den Beta-Typ (Alkoholiker) an!

333. Beschreiben Sie die kritische Phase der Alkoholabhängigkeit!

334. Geben Sie die Typisierung, die Art der Abhängigkeit und die Suchtkennzeichen für den Delta-Typ (Alkoholiker) an!

335. Geben Sie die Typisierung, die Art der Abhängigkeit und die Suchtkennzeichen für den Alpha-Typ (Alkoholiker) an!

336. Welcher Alkoholiker-Typ ist der häufigste?

337. Geben Sie die Typisierung, die Art der Abhängigkeit und die Suchtkennzeichen für den Gamma-Typ (Alkoholiker) an!

338. Welche Symptome kennzeichnen den einfachen Alkoholrausch?

339. Geben Sie die Typisierung, die Art der Abhängigkeit und die Suchtkennzeichen für den Epsilon-Typ (Alkoholiker) an!

340. Beschreiben Sie den pathologischen Rausch!

341. Welche Formen akuter Alkoholintoxikationen unterscheidet man?

342. Beschreiben Sie die Symptomatik des Alkoholdelirs!

343. Wodurch unterscheidet sich der komplizierte Alkoholrausch vom einfachen?

344. Geben Sie die typischen Symptome der Alkoholhalluzinose an!

345. Nennen Sie Entstehungsgründe für den pathologischen Rausch!

346. Nennen Sie drei Formen von alkoholbedingten amnestischen Störungen!

347. Wie lange dauert ein Alkoholdelir an?

348. Was ist ein Korsakow-Syndrom?

349. Was versteht man unter einer Alkoholdemenz?

350. Welches ist das deutlichste Unterscheidungsmerkmal zwischen Alkoholdelir und Alkoholhalluzinose?

351. Welche Symptome kennzeichnen die Wernicke-Enzephalopathie?

352. Beschreiben Sie das typische Erscheinungsbild eines alkoholembryopathischen Kindes!

353. Beschreiben Sie die hepathische Enzephalopathie!

354. Wieso spielt vor allem die diagnostische Abgrenzung zu Depression bei Alkoholikern eine besondere Rolle?

355. Was versteht man unter einer Alkoholembryopathie und wie wird sie noch genannt?

356. Nennen Sie die 4 Phasen der Behandlung Alkoholkranker!

357. Nennen Sie zwei testpsychologische Verfahren zur Einschätzung einer Alkoholabhängigkeit!

358. Wie lange dauert die Entgiftungsphase bei Alkoholikern?

359. Was versteht man unter einem Co-Alkoholiker?

360. Was wissen Sie über die Lebenserwartung von Alkoholikern?

361. Mit welchen Medikamenten wird Alkoholabhängigkeit behandelt?

362. Wovon hängt die individuelle Prognose bei Alkoholabhängigen ab?

363. Nennen Sie Selbsthilfevereinigungen für Alkoholabhängige!

364. Welche Drogen gehören zum Morphin-Opiat-Typ?

365. Wie lange dauert die Entwöhnungsphase bei Alkoholikern?

366. Welche körperlichen Auswirkungen haben Drogen des Morphin-Opiat-Typs?

367. Welche psychischen Wirkungen haben Drogen des Morphin-Opiat-Typs?

368. Beschreiben Sie die Entzugssymptome bei Drogen des Morphin-Opiat-Typs?

369. Beschreiben Sie die Intoxikationssymptomatik des Morphin-Opiat-Typs!

370. Beschreiben Sie die psychische Wirkung des Barbiturat-Typs!

371. Welche Substanzen gehören zum Barbiturat-Typ?

372. Beschreiben Sie die Entzugssymptome beim Barbiturat-Typ!

373. Wodurch ist die Intoxikationssymptomatik beim Barbiturat-Typ gekennzeichnet?

374. Beschreiben Sie die psychischen Wirkungen von Kokain!

375. Welche körperlichen Auswirkungen haben Drogen des Barbiturat-Typs?

376. Beschreiben Sie die Intoxikationssymptomatik bei Kokain!

377. Welche körperlichen Wirkungen hat Kokain?

378. Wie heißt der Hauptwirkstoff von Cannabis-Drogen?

379. Welche beiden Cannabis-Drogen gibt es?

380. Was versteht man unter einem Horror-Trip und wie wird er noch genannt?

381. Beschreiben Sie die psychische Wirkung von Cannabis!

382. Welche Substanzen gehören zum Amphetamin-Typ?

383. Zu welchen körperlichen Störungen kommt es bei langfristigem Cannabis-missbrauch?

384. Welche psychischen Wirkungen rufen Amphetamine hervor?

385. Welche Drogen werden als Designerdrogen bezeichnet?

386. Welche Substanzen gehören zum Halluzinogen-Typ?

387. In welcher Form zeigen sich körperliche Wirkungen bei Amphetaminen?

388. Nennen Sie die typischen Rauschphasen bei Drogen des Halluzinogen-Typs!

389. Beschreiben Sie die psychische Wirkung der Drogen des Halluzinogen-Typs!

390. Was versteht man unter Schnüffelsucht und welche Stoffe kommen zum Einsatz?

391. Beschreiben Sie die Intoxikationssymptomatik bei Drogen des Halluzino-gentyps!

392. Welche Drogentypen besitzen körperliches Abhängigkeitspotenzial?

393. Welche psychische Wirkung zeigt sich beim "Schnüffeln"?

394. Grenzen Sie psychosomatische Störungen gegen dissoziative und somato-forme Störungen ab!

395. Nennen Sie die Holy Seven der Psychosomatik!

396. Welche Symptomatik ist typisch für Ulcus duodeni?

397. Erläutern Sie die Psychodynamik des Ulcus duodeni!

398. Unterscheiden Sie Ulcus duodeni von Ulcus ventricili!

399. Erläutern Sie die Symptomatik der Colitis ulcerosa!

400. Beschreiben Sie Psychodynamik und Persönlichkeit bei Colitis ulcerosa!

401. Erläutern Sie die Symptomatik der essentiellen Hypertonie!

402. Beschreiben Sie Psychodynamik und Persönlichkeit bei essentieller Hyper-tonie!

403. Erläutern Sie die Symptomatik der rheumatoiden Arthritis und geben Sie ein Synonym an!

404. Beschreiben Sie Psychodynamik und Persönlichkeitsstruktur bei rheumatoider Arthritis!

405. Geben Sie die Symptome der Hyperthyreose an und nennen Sie ein Synonym!

406. Was wissen Sie über die Persönlichkeitsstruktur von Hyperthyreotikern?

407. Wieso ist auch eine gut wirkende medizinische Therapie bei Hyperthyreose oft problematisch?

408. Welche typischen Auslöser für Neurodermitis gibt es?

409. Welche Persönlichkeitsstruktur zeigt sich bevorzugt bei Neurodermitis-Patienten?

410. Welche 3 Formen des Asthma können nach der Ursache unterschieden werden?

411. Nennen Sie typische Auslösesituationen für Asthmaanfälle!

412. Welche Gefahr besteht bei der akuten Asthmabehandlung?

413. Erläutern Sie den Begriff weiche Suizidmethoden!

414. Welche Suizidmethoden werden als harte Methoden bezeichnet?

415. Was wird mit dem Begriff Initiationssuizid bezeichnet?

416. Was versteht man unter einem Bilanzsuizid?

417. Was versteht man unter einem Parasuizid?

418. Um was handelt es sich bei einem erweiterten Suizid und wie wird er noch genannt?

419. Erläutern Sie die parasuizidale Geste und geben Sie ein Synonym an!

420. Erläutern Sie den protrahierten Suizid und geben Sie einen synonymen Begriff an!

421. Nennen Sie die 3 Phasen einer suizidalen Krise!

422. Warum müssen parasuizidale Gesten auf jeden Fall ernst genommen werden?

423. Kennzeichnen Sie die Erwägungsphase der suizidalen Krise!

424. Wie kommt das präsuizidale Syndrom zum Ausdruck?

425. Wodurch ist die Entschlussphase der suizidalen Krise gekennzeichnet?

426. Charakterisieren Sie die Ambivalenzphase der suizidalen Krise!

427. In welchen Fällen kann ein suizidgefährdeter Mensch zwangsweise in eine Klinik eingewiesen werden?

428. Erläutern Sie die Begriffe Restambivalenz und Gottesurteilsfunktion in Zusammenhang mit Suizid!

429. Was muss bei akuter Suizidalität eines gesunden Menschen unternommen werden?

430. Was wissen Sie über die Geschlechterverteilung bei Suizid?

431. Was wissen Sie über die Therapiebereitschaft und die Rückfallquote bei Suizid?

432. Was versteht man unter Oligophrenie?

433. Wodurch unterscheidet sich Oligophrenie von Demenz?

434. Durch welche Symptome tritt Oligophrenie in Erscheinung?

435. Was versteht man unter einer Pfropfpsychose?

436. Nennen Sie zwei Intelligenztests!

437. Welche Grade der Intelligenzminderung werden heute unterschieden?

438. Ordnen Sie den heutigen Schweregraden der Oligophrenie die früher gängigen Begriffe zu!

439. Welche Art der Intelligenzminderung wird als Lernbehinderung bezeichnet?

440. Was wissen Sie über die Häufigkeit der Oligophrenie in der Allgemeinbevölkerung und die Geschlechterverteilung?

441. Wie werden Sprechstörungen noch genannt?

442. Unterscheiden Sie Sprechstörung und Sprachstörung!

443. Erläutern Sie die Begriffe Sigmatismus und Rotazismus!

444. Wodurch sind Artikulationsstörungen gekennzeichnet?

445. Welche Lautbildungsstörungen sind bei Kindern in welchem Alter (Normalentwicklung) zu erwarten?

446. Nennen Sie Synonyme für Artikulationsstörung!

447. Was ist eine rezeptive Sprachstörung und mit welchem deutschen Begriff wird sie bezeichnet?

448. Charakterisieren Sie die expressive Sprachstörung (expressive Dysphasie)!

449. Mit welchem Verlauf ist beim Landau-Kleffner-Syndrom zu rechnen?

450. Was versteht man unter dem Landau-Kleffner-Syndrom?

451. Mit welchem Verlauf ist bei Stottern zu rechnen?

452. Welche Formen des Stotterns gibt es?

453. Nennen Sie Synonyme für Lese-Rechtschreib-Störung (LRS)!

454. Welches Sprechverhalten wird mit dem Begriff Poltern bezeichnet?

455. Wie hoch ist der Anteil der Kinder mit LRS?

456. Geben Sie das Erscheinungsbild der LRS an!

457. Charakterisieren Sie das Developmental Gerstmann Syndrome!

458. Nennen Sie die Fachbegriffe für Rechenstörung und Unfähigkeit zu rechnen!

459. Geben Sie die Häufigkeit und die Geschlechterverteilung des frühkindlichen Autismus an!

460. Beschreiben Sie die Symptomatik des frühkindlichen Autismus!

461. Beschreiben Sie die Symptomatik des Asperger-Syndroms!

462. Beschreiben Sie die Symptomatik des Rett-Syndroms!

463. Nennen Sie 2 Synonyme für Asperger-Syndrom und geben Sie an, welches Geschlecht häufiger betroffen ist!

464. Wodurch unterscheiden sich das Asperger-Syndrom und der frühkindliche Autismus?

465. Was wissen Sie über die Prognose autistischer Syndrome?

466. Beschreiben Sie den High Functioning Autism?

467. Nennen Sie typische akzessorische Symptome bei autistischen Störungen!

468. Wie hoch ist die Lebenserwartung beim Rett-Syndrom?

469. Was versteht man unter atypischem Autismus?

470. Geben Sie die typische Symptomatik des HKS an!

471. Wie wird das HKS noch genannt?

472. Wie groß ist der Anteil der von HKS betroffenen Schulkinder und wie ist die Geschlechterverteilung?

473. Welche Symptome und Verhaltensweisen sind typisch für die Sozialverhaltensstörung im Kindes- und Jugendalter?

474. Nennen Sie Synonyme für Störung des Sozialverhaltens im Kindes- und Jugendalter!

475. Welche Störungen bezeichnet man als emotionale Störungen des Kindesalters?

476. Welche typischen Formen emotionaler Störungen des Kindesalters gibt es?

477. Grenzen Sie Schulphobie gegen Schule schwänzen ab!

478. Welche Störung wird als selektiver Mutismus bezeichnet?

479. Wie häufig kommt selektiver Mutismus vor und welches Geschlecht ist häufiger betroffen?

480. Welche beiden Formen von Bindungsstörungen unterscheidet man?

481. In welchen beiden Formen können Tics vorkommen?

482. Nennen Sie Beispiele für einfache und komplexe motorische Tics!

483. Geben Sie Beispiel für einfache und komplexe vokale Tics an!
484. Was ist ein (Gilles-de-la-)-Tourette-Syndrom?
485. Wie häufig sind Tic-Störungen im Kindesalter?
486. Welche Formen der Ausscheidungsstörungen gibt es?
487. Nennen Sie die beiden Formen der Enuresis und geben Sie die Geschlechterverteilung an!
488. Welches Geschlecht ist häufiger von Enkopresis betroffen?
489. Welcher Unterschied besteht zwischen primärer und sekundärer Enuresis?
490. Welche Formen kindlicher Essstörungen unterscheidet man?
491. Grenzen Sie Pica gegen Rumination ab!
492. Geben Sie Beispiele für stereotype Bewegungsstörungen im Kindesalter an!
493. Was versteht man unter Kinderfehlern?
494. Beschreiben Sie das Kline-Levin-Syndrom!
495. Was ist eine Menstruationspsychose?
496. Welche Formen kindlicher Demenz werden unterschieden?
497. Was versteht man unter einem Puppengesicht?
498. Unterscheiden Sie Oligophrenie, infantile Demenz und Demenz im Erwachsenenalter!
499. Nennen Sie die 5 wichtigsten somatischen Behandlungsverfahren!
500. Nennen Sie die 3 Medikamentengruppen, mit denen psychotische Störungen behandelt werden!
501. Welche somatischen Behandlungsverfahren dürfen von Nicht-Ärzten angewandt werden?
502. Bei welchen Erkrankungen kommen Neuroleptika zum Einsatz?
503. Erläutern Sie die Wirkung von Neuroleptika!
504. Was wissen Sie über die jeweils sedierende und antipsychotische Potenz der Neuroleptika-Präparate?
505. In welcher Form können Neuroleptika eingenommen werden?
506. Nennen Sie Beispiele für mittelpotente, leicht sedierende Neuroleptika!
507. Nennen Sie Beispiele für hochpotente, wenig sedierende Neuroleptika!
508. Welchen Vorteil haben Depotneuroleptika gegenüber Tabletten?
509. Geben Sie Beispiele für niederpotente, stark sedierende Neuroleptika an!
510. Welche Eigenschaft haben Medikamente, die als atypische Neuroleptika bezeichnet werden?

511. Nennen Sie Beispiele für Depotneuroleptika!

512. Innerhalb welcher Zeit wirken Neuroleptika?

513. Geben Sie Beispiele für atypische Neuroleptika an!

514. Welche Nebenwirkungen treten bei Behandlung mit Neuroleptika auf?

515. Erläutern Sie die Dosierung bei Behandlung mit Neuroleptika!

516. Welche Neuroleptika kommen bei der Behandlung nächtlicher Unruhe zum Einsatz und worin besteht der Vorteil gegenüber Schlafmitteln?

517. Wieso sind bei der Behandlung mit Neuroleptika Blutuntersuchungen notwendig?

518. Beschreiben Sie die typische Wirkung eines Antidepressivums!

519. Welche Störungen werden mit Antidepressiva behandelt?

520. Welchen Vorteil haben sedierende Antidepressiva gegenüber Benzodiazepinen bei der Behandlung von Schlafstörungen?

521. Nennen Sie Beispiele für sedierende Antidepressiva!

522. Nennen Sie Beispiele für nicht sedierende Antidepressiva!

523. Innerhalb welcher Zeit wirken Antidepressiva?

524. Was bezeichnet man als Schwelleneffekt?

525. Mit welchen Nebenwirkungen ist bei der Behandlung mit Antidepressiva zu rechnen?

526. Was versteht man unter Phytotherapeutika? Geben Sie ein Beispiel eines phytotherapeutischen Antidepressivums an!

527. Welche Medikamente werden als Phasenprophylaktika bezeichnet?

528. Welche Medikamente werden zur Rezidivprophylaxe psychotischer Erkrankungen eingesetzt?

529. Welche Antiepileptika werden als Phasenprophylaktika eingesetzt?

530. Welche Lithiumsalze kommen in der Phasenprophylaxe zum Einsatz?

531. Welche Risiken bestehen bei der Behandlung mit Lithium?

532. Welchen Vorteil hat Lithium gegenüber Neuroleptika in der Rezidivprophylaxe?

533. Über welche Zeitdauer hinweg kann Lithium eingenommen werden?

534. In welchen Fällen ist die Lithiumbehandlung kontraindiziert?

535. Mit welchen Nebenwirkungen ist bei der Lithiumbehandlung zu rechnen?

536. Definieren Sie Hypnotika, Tranquilizer und Anxioloytika!

537. Zu welcher Medikamentengruppe gehören die meisten Hypnotika?

538. Bei welchen Störungen werden Benzodiazepine vor allem eingesetzt?

539. Nennen Sie Beispiele für Benzodiazepine!

540. Geben Sie Beispiele für Tranquilizer mit geringem Abhängigkeitspotenzial an!

541. Beschreiben Sie die Wirkung und Nebenwirkungen der Benzodiazepine!

542. Wieso werden ältere Menschen kaum mit Benzodiazepinen behandelt?

543. Warum gibt es keine Langzeittherapie mit Benzodiazepinen?

544. Was wissen Sie über den Missbrauch von Benzodiazepin-Präparaten?

545. Bei welchen Störungen kommt Wachtherapie zum Einsatz?

546. Beschreiben Sie das Verfahren der Wachtherapie!

547. Bei welchen Störungen kommt die EKT zum Einsatz?

548. Beschreiben Sie das Verfahren der Elektrokrampftherapie (EKT)!

549. Bei welchen Störungen kommt die rTMS zum Einsatz?

550. Beschreiben Sie das Verfahren der Magnetstimulation (rTMS)!

551. Bei welchen Störungen wird die Lichttherapie angewandt?

552. Beschreiben Sie das Verfahren der Lichttherapie!

553. Worin unterscheiden sich die Bright-Light-Methode und die Dim-Light-Methode der Lichttherapie?

554. Welche beiden Triebe gelten in der Psychoanalyse als grundlegend für die menschliche Psyche?

555. Erläutern Sie Triebquelle, Triebziel und Triebobjekt!

556. Welche Instanzen unterscheidet das Strukturmodell der menschlichen Psyche?

557. Beschreiben Sie das "ES" der psychoanalytischen Theorie!

558. Unterscheiden Sie "ICH" und "ÜBER-ICH" in der psychoanalytischen Theorie!

559. Welche Stadien der psychosexuellen Entwicklung werden in der Psychoanalyse unterschieden?

560. Wie kommt es nach der psychoanalytischen Vorstellung zu psychischen Störungen und Erkrankungen?

561. Was versteht man nach FREUD unter Abwehr?

562. Nennen Sie mindestens 5 Abwehrmechanismen (Psychoanalyse)!

563. Erläutern Sie die orale Phase der psychosexuellen Entwicklung!

564. Erläutern Sie die anale Phase der psychosexuellen Entwicklung!

565. Erläutern Sie die phallische Phase der psychosexuellen Entwicklung und geben Sie ein Synonym an!

566. Erläutern Sie die Latenzphase der psychosexuellen Entwicklung!

567. Erläutern Sie die Genitalphase der psychosexuellen Entwicklung!

568. Nennen Sie die Phasen der psychosexuellen Entwicklung und geben Sie das jeweilige Lebensalter an!

569. Was versteht man unter Verleugnung?

570. Erläutern Sie den psychoanalytischen Begriff der Verdrängung!

571. Was versteht man unter Projektion?

572. Was versteht man unter Verschiebung?

573. Erläutern Sie den Begriff Affektisolierung!

574. Was versteht man unter Intellektualisierung?

575. Erläutern Sie den Begriff der Reaktionsbildung!

576. Was versteht man unter Regression?

577. Erläutern Sie Wendung gegen das Selbst und Identifikation mit dem Aggressor!

578. Welche psychischen Störungsbilder folgen aus ungelösten Konflikten der oralen Phase?

579. Welche psychischen Störungsbilder folgen aus ungelösten Konflikten der analen Phase?

580. Welche psychischen Störungsbilder folgen aus ungelösten Konflikten der phallischen Phase?

581. Welche psychischen Störungsbilder folgen aus ungelösten Konflikten der Latenzphase?

582. Welche psychischen Störungsbilder folgen aus ungelösten Konflikten der genitalen Phase?

583. Wie wird die Regression in der Psychoanalyse gezielt versucht herbeizuführen?

584. Erläutern Sie die Begriffe Übertragung und Gegenübertragung!

585. Was versteht man unter Widerstand in der psychoanalytischen Therapie?

586. Unterscheiden Sie positive und negative Übertragung!

587. Was versteht man unter einer unanstößigen Übertragung und wie lautet die moderne Bezeichnung dafür?

588. Was versteht man unter einer Borderline-Übertragung?

589. Was versteht man unter Spiegelübertragung?

590. In welchen Formen kommt Widerstand in der psychoanalytischen Therapie zum Ausdruck?

591. Beschreiben Sie das typische therapeutische Setting der klassischen Psychoanalyse!

592. Erläutern Sie die therapeutische Abstinenz!

593. Nennen Sie 3 tiefenpsychologisch fundierte Therapieverfahren!

594. Erläutern Sie das Setting der tiefenpsychologisch fundierten Therapie in Abgrenzung zur Psychoanalyse!

595. In welche Phasen gliedert sich eine tiefenpsychologisch fundierte Therapie?

596. Bei welchen Störungen kommen psychoanalytische und tiefenpsychologische Verfahren vor allem zum Einsatz?

597. Bei welchen Störungen sind analytische (aufdeckende) Psychotherapieverfahren kontraindiziert?

598. Welche Bedingungen werden bei der tiefenpsycholische Therapie außer der Lebensgeschichte als Einflussgröße der Störungsmanifestation gesehen?

599. Welche Persönlichkeitselemente (Ich-Zustände) unterscheidet die Transaktionsanalyse?

600. Ordnen Sie die Ich-Zustände der Transaktionsanalyse sinngemäß den Instanzen nach FREUD zu!

601. Grenzen Sie den gesunden Zustand vom Störungszustand im Sinne der Transaktionsanalyse ab!

602. Was versteht man unter Kontamination und wie wird sie noch genannt?

603. Erläutern Sie Exklusion und geben Sie ein Synonym an!

604. Unterscheiden Sie parallele (komplementäre), überkreuzte und verdeckte Transaktion!

605. Wozu dient die Spielanalyse?

606. Erläutern Sie Ersatzgefühl und Glaubenssatz!

607. Was versteht man in der Transaktionsanalyse unter einem Skript?

608. Nennen Sie die 5 Entwicklungsstufen der Lebenseinstellungen aus Sicht der Transaktionsanalyse!

609. Was versteht man unter dem therapeutischen Imperativ?

610. Welche Therapieschwerpunkte haben folgende Schulen der Transaktionsanalyse: klassische Schule, Cathexis-Schule, Neuentscheidungsschule?

611. Geben Sie die 3 P's der Transaktionsanalyse an!

612. Welche "Analysen" kommen bei der Transaktionsanalyse zum Einsatz?

613. Was versteht man in der klientenzentrierten Arbeit unter dem organismischen Wertungssystem?

614. Was bezeichnet Carl Rogers als die Aktualisierungstendenz?

615. Was wird mit Kongruenz bezeichnet?

616. Welche 3 Bestrebungen sind nach der Vorstellung der Gesprächspsychotherapie dem Menschen angeboren?

617. Was versteht man unter Inkongruenz?

618. Wieso benötigt die klassische Gesprächspsychotherapie keinen Krankheitsbegriff?

619. Was versteht man unter dem bedingungsfreien Akzeptieren?

620. Nennen Sie die 3 Grundprinzipien der Gesprächspsychotherapie!

621. Was wird mit dem Begriff Echtheit bezeichnet?

622. Was ist mit einfühlendem Verstehen gemeint?

623. Was wissen Sie über Deutungen in der Gesprächspsychotherapie?

624. Geben Sie die 4 Phasen der Gesprächspsychotherapie an!

625. Wieso ist die Gesprächspsychotherapie nicht bei allen psychogenen Störungen bzw. nicht bei allen Klienten anwendbar?

626. Bei welchen Störungen kann Gesprächspsychotherapie eingesetzt werden?

627. Wie kommt in der Sichtweise der Gestalttherapie eine Störung zustande?

628. Erläutern Sie Prägnanzgesetz und Isomorphie!

629. Nennen Sie die typischen Phasen einer Gestalttherapie!

630. Geben Sie typisch gestalttherapeutische Methoden an!

631. Beschreiben Sie den Einsatzbereich der Gestalttherapie!

632. Wie verläuft ein Lernprozess bei der klassischen Konditionierung?

633. Wie wird das Klassische Konditionieren noch genannt?

634. Erläutern sie die Begriffe Bekräftigung und Kontiguität!

635. Was versteht man unter Extinktion?

636. Was versteht man unter Reizgeneralisierung und Reizdiskriminierung?

637. Was versteht man unter operantem Konditionieren?

638. Erläutern Sie den Begriff der Kontingenz!

639. Unterscheiden Sie positive und negative Verstärkung!

640. Unterscheiden Sie positive und negative Bestrafung!

641. Welche Arten von Verstärkern gibt es?

642. Was wird als Modelllernen bezeichnet?

643. Wie wird das Modelllernen noch genannt?

644. Geben Sie die Schrittfolge des Modelllernens an!

645. Erläutern Sie die Begriffe modellierender Effekt, hemmender und enthemmender Effekt und auslösender Effekt!

646. Über welche Schritte verläuft die Verhaltenstherapie?

647. Nennen und erläutern Sie operante Methoden zum Verhaltensaufbau!

648. Mit welchen operanten Methoden kann die Wahrscheinlichkeit des Auftretens eines gelernten Verhaltens erhöht werden?

649. Nennen Sie operante Methoden des Verhaltensabbaus!

650. Nennen Sie Selbstkontrollmethoden der Verhaltenstherapie!

651. Erläutern Sie die systematische Desensibilisierung und das Flooding!

652. Wie verläuft ein therapeutisches Rollenspiel in der Verhaltenstherapie?

653. Geben Sie die typischen Schritte des Problemlöseverfahrens in der Verhaltenstherapie an!

654. Nennen Sie 4 Interventionstechniken des Sozialkompetenztrainings in der Verhaltenstherapie!

655. Geben Sie 5 Strategien von Schutz- und Anpassungsreaktionen beim Stresserleben an!

656. Erläutern Sie das SORPECK-Modell zur Verhaltensanalyse!

657. Unterscheiden Sie Mikroebene und Makroebene der Verhaltensanalyse!

658. Nennen Sie die 3 Phasen des Stressimpfungsverfahrens nach Meichenbaum!

659. Aus welcher psychologischen Theorierichtung stammt die Verhaltenstherapie?

660. Worin unterscheidet sich das Krankheitskonzept in der Verhaltenstherapie grundlegend von dem der tiefen-psychologischen Ansätze?

661. Was versteht man unter der erlebnisorientierten Familientherapie?

662. Unterscheiden Sie strukturelle Familientherapie und Mehrgenerationenkonzept!

663. Was versteht man unter einer paradoxen Intervention und wie wird sie noch genannt?

664. Erläutern Sie die Arbeitsweise der Mailänder Schule!

665. Was versteht man unter der Wunder-Frage und zu welcher Therapie gehört sie typischerweise?

666. Worin unterscheiden sich das Reflecting-Team und die Arbeitsweise der Mailänder Schule?

667. Was versteht man unter Reframing?

668. Womit befassen sich narrative Verfahren der systemischen Therapie?

669. Wieso ist der Einsatzbereich des Psychodramas im Vergleich zu anderen Therapieverfahren begrenzt?

670. Mit welcher Methode arbeitet das Psychodrama?

671. Was wissen Sie über das Störungskonzept beim NLP?

672. Was versteht man unter Pacing und Leading und zu welcher Therapierichtung gehören diese?

673. Mit welcher Methode arbeitet die katathym-imaginative Psychotherapie?

674. In welchen Bereichen kommt NLP vor allem zum Einsatz?

675. Wieso ist die katathym-imaginative Therapie bei endogenen Psychosen kontraindiziert?

676. Nennen Sie typische Motive der katathym-imaginativen Therapie!

677. Was wissen Sie über die Wirksamkeit der Hypnose?

678. Bei welchen Beschwerden wird Hypnose typischerweise eingesetzt?

679. Welche Neuroseformen unterscheidet die Logotherapie und bei welchen Störungen ist sie kontraindiziert?

680. Was ist Ausübung der Heilkunde nach dem Gesetz von 1939?

681. Welche Angaben soll die Dokumentation der Behandlung enthalten?

682. In welchen Fällen darf die Schweigepflicht gebrochen werden?

683. Was wird im Betreuungsrecht geregelt?

684. Wer ordnet eine Betreuung an? Erläutern Sie das Verfahren!

685. Unter welchen Voraussetzungen kann eine Betreuung angeordnet werden?

686. Auf welche Bereiche erstreckt sich normalerweise die Betreuung?

687. Was versteht man unter einem Einwilligungsvorbehalt?

688. In welchem Fall muss trotz Einwilligungsvorbehaltsregelung der Vormundschaftsrichter der ärztlichen Behandlung einer betreuten Person zustimmen?

689. In welchen Fällen kann eine zwangsweise Unterbringung einer betreuten Person nach dem Betreuungsrecht vom Richter angeordnet werden?

690. Wie lange dauert eine Unterbringung auf Grundlage des Betreuungsrechtes maximal?

691. In welchen Fällen ist eine Zwangseinweisung in die Klinik nach dem Unterbringungsrecht möglich?

692. Wie läuft das Verfahren zur Zwangseinweisung nach dem Unterbringungsrecht ab?

693. Welche Paragraphen regeln aufgehobene und verminderte Schuldfähigkeit?

694. Welche Voraussetzungen müssen erfüllt sein, damit eine verminderte oder aufgehobene Schuldfähigkeit festgestellt werden kann?

695. Für welchen Zeitraum muss der Nachweis einer krankhaften Störung vorliegen, wenn Schuldunfähigkeit unterstellt wird?

696. Welcher Paragraph regelt die Unterbringung in einem psychiatrischen Krankenhaus bei schuldunfähigen Tätern?

697. Welcher Paragraph regelt die Unterbringung eines schuldunfähigen Straftäters in einer Entziehungsanstalt?

698. Kann ein schuldunfähiger Straftäter, der schwerer Alkoholiker ist, in jedem Fall in eine Entziehungsanstalt eingewiesen werden?

699. In welchen Fällen wird bei schuldunfähigen Straftätern, die im Zusammenhang mit Substanzensucht die Tat begangen haben, von der Einweisung in eine Entziehungsanstalt abgesehen?

700. Warum werden schuldunfähige Straftäter in der Regel in den psychiatrischen Maßregelvollzug eingewiesen?

Buchempfehlung

Wolfgang Zimmer: Nichtraucher mit Quantenenergie

Der Autor liefert mit diesem Buch eine präzise Anleitung für die Aktivierung von Nach den Büchern Quantenenergie in der Praxis und Angstfrei mit Quantenenergie stellt der Autor ein weiteres Programm zur Selbstbehandlung mit Hilfe der Quantenenergie vor. Wolfgang Zimmer zeigt mit diesem Ratgeber, wie leicht es ist, die eigene Selbstheilungskraft des Organismus zu nutzen, um positive Veränderungen in Gang zu setzen. Mit einem einfachen und gleichzeitig hoch wirksamen Sieben-Tage-Programm begleitet er Raucher in ein neues Leben als Nichtraucher. Als Heilpraktiker für Psychotherapie bietet Wolfgang Zimmer seinen Klienten seit Jahren diese Methode erfolgreich an. Probieren sie die Methode aus und überzeugen sie sich selbst.

ISBN 978-3-8391-6820-2

1. Benommenheit, Somnolenz, Sopor, Präkoma, Koma

2. Eine quantitative Bewusstseinsstörung, bei der der Klient so apathisch und schläfrig ist, dass er nur durch lautes Ansprechen geweckt werden kann; keine spontanen sprachlichen Äußerungen.

3. Eine quantitative Bewusstseinsstörung, bei der der Klient schläfrig, aber durch Ansprache leicht weckbar ist. Er ist gut   orientiert aber verlangsamt in Informationsaufnahme und Informationsverarbeitung.

4. In beiden Zuständen ist der Klient nicht mehr weckbar und vegetative Funktionen sind erheblich gestört. Im Präkoma funktioniert noch der Pupillenreflex, der im Koma ausbleibt.

5. Quantitative Bewusstseinsstörung, bei der der Klient nur durch starkes Schütteln weckbar ist; er ist nicht mehr orientiert und zeigt keine sprachlichen Äußerungen mehr.

6. Ursache sind immer zerebrale Funktionsstörungen, die das Gehirn direkt oder indirekt betreffen, z.B. Gehirnerschütterung, Gehirnquetschung, Durchblutungsstörungen, Entzündungen, toxische Hirnschädigungen.

7. Eine Sonderform des Komas, bei der der Klient wach erscheint und den Blick ziellos hin und her wandern lässt oder den Blick starr geradeaus richtet (Coma vigile).

8. Qualitative Bewusstseinstörung, bei der Zusammenhänge des Erlebens verloren gehen; Denken und Handeln sind verworren; mangelnde Klarheit der Ich-Welt.

9. Bewusstseineintrübung, Bewusstseinseinengung, Bewusstseinsverschiebung

10. Der Klient erlebt Helligkeit, Raumgröße, Tiefe etc. viel intensiver.

11. Der Klient fokussiert sein Erleben und spricht vermindert auf Außenreize an; eher traumhaftes Erleben. Äußerlich geordnetes Handeln ist möglich.

12. Eine tiefe Bewusstseinsstörung qualitativer und quantitativer Art mit gesteigerter psychomotorischer Aktivität. Der Klient ist ansprechbar, gleitet aber schnell ab. Häufig vegetative Begleiterscheinungen.

13. Bewusstseinserweiterung

14. Vor allem bei organischen Psychosen.

15. Schädel-Hirn-Traumata, epileptische Anfälle, pathologischer Rausch (Alkohol-, Medikamenten-, Fliegenpilzvergiftung).

16. schwere Gedächtnisstörung (fast ausschließlich aufgrund von alkoholischer Schädigung) mit Trias: Desorientiertheit, Merkfähigkeitsstörung, Konfabulationen

17. Je nach Schweregrad tritt zunächst zeitliche, danach situative, dann örtliche und zuletzt personale Desorientiertheit auf.

18. Ein Auffüllen von Erinnerungslücken durch "Lückenfüller", die der Klient für echte Erinnerungen hält.

19. Amnestisches Syndrom.

20. Das akute Korsakow-Syndrom ist potenziell reversibel, das chronische Korsakow-Syndrom nicht!

21. Alkoholabusus, Kohlenmonoxidvergiftung, Hirntrauma, primär degenerative Hirnerkrankungen.

22. Déjà-vu, Déjà-Vecu, Jamais vu, Ekmnesie, Hypermnesie

23. Eine Gedächtnisstörung mit verfälschter Erinnerung bei wechselnder Bewusstseinsklarheit.

24. Déjà-vu: Vorstellung, etwas schon einmal gesehen zu haben; Déjà-vecu: Vorstellung, etwas schon einmal erlebt zu haben; Jamais-vu: Vorstellung, etwas Bekanntes noch niemals gesehen zu haben

25. Eine Störung des Zeiterlebens, bei der Vergangenes als Gegenwart wahrgenommen wird.

26. Eine zeitliche oder inhaltliche Erinnerungslücke.

27. Eine gesteigerte Erinnerungsfähigkeit.

28. retrograde Amnesie

29. anterograde Amnesie

30. Eine Amnesie, die die Zeitdauer des schädigenden Ereignisses betrifft.

31. Eine transitorische (transiente) globale Amnesie, gleichzeitiges Vorliegen retrograder und anterograder Störungen, die sich nach ca. 24 Stunden zurückbildet. Routineaufgaben können trotz deutlicher Verwirrtheit bewältigt werden.

32. Angeborene Intelligenzstörungen (Oligophrenie) und erworbene Intelligenzstörung (Demenz).

33. Commotio cerebri, Demenz, Schädel-Hirn-Traumata, zerebrale Infarkte, Herpes-Enzephalitis, hypoxische Schädigungen des Hippokampus.

34. verlangsamtes Denken, Denkhemmungen, eingeengtes Denken, Grübeln, Gedankensperrung (Gedankenabreißen), Umständlichkeit (weitschweifiges Denken), Perseveration, Verbigeration, Gedankendrängen, Ideenflucht, Zerfahrenheit

35. Bei formalen Denkstörungen ist der Gedankenablauf gestört, bei inhaltlichen Störungen ist das Ergebnis des Gedankenvorganges verzerrt.

36. Der Klient fixiert sich auf wenige Themen, der Themenwechsel fällt ihm schwer.

37. Zwang, Wahn

38. Der Gedankengang wird ohne erkennbaren Grund plötzlich abgebrochen.

39. Beim verlangsamten Denken ist der Denkvorgang schleppend, verzögert und zäh. Bei Denkhemmungen hat der Klient das Gefühl, innerlich gebremst zu werden.

40. Der Klient verliert sich in Details und kann nicht zwischen Wesentlichem und Unwesentlichem unterscheiden.

41. Gedankenabreißen

42. Ein Zustand, in dem der Klient an Worten und Gedanken haftet, die vorher gebraucht wurden aber nicht mehr sinnvoll sind.

43. Umständlichkeit (umständliches Denken)

44. Als unwillkürliches Aufdrängen von Gedanken und Ideen.

45. Eine Perseveration, bei der Worte oder Sätze sinnlos mehrfach wiederholt werden.

46. Sprunghafte Gedankengänge ohne logische oder assoziative Verknüpfungen.

47. Übermäßig einfallsreiche Gedankengänge, bei denen das Denken nicht durch Zielvorstellungen sondern durch Assoziationen ständig verändert wird.

48. Zwangsrituale oder Zwangszeremoniell

49. Beides sind Erscheinungsformen der Denkzerfahrenheit (des inkohärenten Denkens). Paralogik: Satzbau noch intakt; Paragrammatismus: Satzbau gestört

50. Bei Zwängen bleibt die Meinhaftigkeit erhalten. Der als unsinnig erlebte Zwang wird als von innen kommend betrachtet.

51. Persönlichkeitsstörungen, depressive Erkrankungen, Schizophrenien, verschiedene neurologische Erkrankungen

52. Objekt- oder situationsbezogene Ängste, die durch Lernprozesse erworben werden.

53. Misstrauen, hypochondrische Befürchtungen, Phobien

54. In einer wahnhaften Deutung eines früheren Erlebnisses.

55. Ein Wahneinfall ist eine plötzliche Vorstellung ohne vorausgehende objektiv richtige Wahrnehmung. Die überwertige Idee ist ein gefühlsmäßig stark besetzter Erlebnisinhalt, der das Denken unsachlich einschränkt, jedoch korrigierbar ist!

56. Ein induzierter Wahn, der im Kontakt mit nahen Bezugspersonen auftritt.

57. Rationale Erklärungsversuche für psychotisches Erleben.

58. Eifersuchtswahn besteht in der unkorrigierbaren Vorstellung der Untreue der Partnerin, Liebeswahn besteht in der Vorstellung, von einem bestimmten Menschen geliebt zu werden, der nicht dazu stehen könne.

59. Wahnarbeit ist der gesamte Prozess der Ausgestaltung der Wahninhalte. Ergibt sich eine geschlossene Struktur aus Verknüpfung, Begründung und Erklärung der verschiedenen Wahninhalte so liegt ein Wahnsystem vor.

60. Eine Wahrnehmung ohne entsprechende äußere Sinnesreizung.

61. Die Vorstellung, an einer Hautkrankheit durch in die Haut eingedrungene tierische Erreger zu leiden oder die Vorstellung von über die Haut krabbelnden Tieren.

62. Halluzinationen, bei denen das Leibempfinden bizarr gestört ist. Die Meinhaftigkeit bleibt erhalten!

63. Das Gefühl des Schwebens (Sonderform der Zönästhesie).

64. Nicht krankhafte Illusionen bei ängstlicher Erregung oder Halluzinationen beim Einschlafen oder Aufwachen.

65. Beides sind Halluzinationen, die sich auf das leibliche Empfinden beziehen. Bei den Zönästhesien bleibt die Meinhaftigkeit erhalten, Leibhalluzinationen werden als von außen gemacht erlebt.

66. Etwas tatsächlich Vorhandenes wird für etwas anderes gehalten.

67. Eine Sinnestäuschung, die vom Klienten erkannt und als nicht wirklich eingestuft wird.

68. Bei Depersonalisation werden das Ich oder Teile des Körpers als fremd oder verändert wahrgenommen, bei Derealisation erscheint die Umgebung verändert, fremd oder unwirklich. In beiden Fällen bleibt die Meinhaftigkeit erhalten.

69. Etwas Nichtvorhandenes wird in wirklich Vorhandenes hineingesehen oder Worte aus unklaren Geräuschen herausgehört. Gegenstand und Phantasiegebilde bestehen nebeneinander.

70. Bei Gedankeneingebung hat der Klient das Gefühl, Gedanken würden von außen aufgezwungen oder gelenkt. Bei Willensbeeinflussung erlebt der Klient Fühlen, Streben, Wollen und Handeln als von außen gesteuert.

71. Entfremdungserlebnisse sind Störungen des Erlebens von Ich und Umwelt, wobei die Meinhaftigkeit erhalten bleibt. Bei Ich-Störungen erlebt der Klient die Veränderungen als von außen gemacht.

72. Bei Affektstarre verharrt der Klient unabhängig von der äußeren Situation in der gleichen Stimmungslage. Bei Affektarmut wirkt er gleichgültig, lust- und interessenlos.

73. Bei Gedankenausbreitung hat der Klient das Gefühl, dass andere wissen, was er denkt, beim Gedankenlautwerden glaubt er, andere könnten die Gedanken hören, bei Gedankenentzug hat er das Gefühl, Gedanken würden ihm weggenommen.

74. Eine Affektivitätsstörung in Form einer missmutigen Stimmungslage.

75. Parathymie

76. Euphorie ist ein Zustand gesteigerter Heiterkeit, der durch Wohlbefinden und Zuversicht geprägt ist, der läppische Affekt ist ein Heiterkeitszustand mit einfältiger Färbung.

77. Dysphorie ist eine missmutige Stimmungslage, Deprimiertheit (Depressivität) ist eine herabgestimmte, negativ gefärbte Stimmungslage (Niedergeschlagenheit, Hoffnungslosigkeit).

78. Es handelt sich um Antriebsstörungen: Bei motorischer Unruhe verhält sich der Klient in zielloser motorischer Aktivität bis zur Tobsucht, bei Ambitendenz machen gleichzeitige Willensimpulse entschlossenes Handeln unmöglich.

79. Vor allem bei organischen Psychosen und Affektarmut, Affektstarre, Ambivalenz bei endogenen Psychosen (Schizophrenie, Depression).

80. Eine Antriebsstörung in Form von Wortkargheit oder Nichtsprechen bei intaktem Stimmapparat.

81. Ein Zustand, in dem der Klient in motorischer Regungslosigkeit verharrt.

82. Eine Antriebsstörung, bei der mimisches Verhalten und der affektive Erlebnisinhalt nicht zueinander passen.

83. Es handelt sich um Antriebsstörungen: Echolalie: Nachsprechen alles Gehörten; Echopraxie: Nachmachen alles Gesehenen; Logorrhö: übermäßiger Rededrang ohne Möglichkeit der Unterbrechung

84. Bei schizophrenen Psychosen.

85. Manierismen bestehen in gekünsteltem, posenhaftem Verhalten, theatralisches Verhalten besteht in übersteigerter Schilderung der Beschwerden (Antriebsstörungen).

86. Das ist die Neuerkrankungsziffer, d.h. die Anzahl an Neuerkrankungen innerhalb einer Population innerhalb eines Jahres.

87. Komorbidität: gemeinsames Auftreten verschiedener Krankheiten als Reaktion auf gemeinsame Ursachen; Multimorbidität: gleichzeitiges Vorkommen von zwei oder mehreren Krankheiten ohne Zusammenhang

88. Die Wahrscheinlichkeit, im Leben an einer bestimmten Krankheit zu erkranken.

89. Das Vorkommen einer bestimmten Krankheit in einer bestimmten Population in einem bestimmten Zeitraum oder zu einem bestimmten Zeitpunkt.

90. psychoorganische Störungen mit Bewusstseinsveränderungen (Delir) und Störungen ohne Bewusstseinsveränderungen (Halluzinationen, Amnesien, Durchgangssyndrome)

91. Im Zuge der Genesung der körperlichen Grunderkrankung (die das Gehirn meist sekundär schädigt) bilden sie sich meistens zurück.

92. Vor allem sekundäre Hirnschädigungen (Intoxikationen, Allgemeinerkrankungen, gefäßbedingte Schädigungen, Erschöpfungszustände)

93. In der heutigen Klassifikation versteht man darunter jedes psychoorganische Syndrom mit Bewusstseinsveränderungen.

94. Bewusstseinsminderung, Verwirrtheitszustand, klass. Delir

95. Dämmerzustand

96. motorische Unruhe, starker Bewegungsdrang, Ratlosigkeit, Orientierungsstörungen, Fehlen von Halluzination und Wahn, Verwirrtheit, Erregung, Unruhe, vegetative Symptome, Halluzination kleiner Krabbeltiere

97. Schlafstörungen, Aufmerksamkeitsstörungen, Angst, Unruhe und mimisches Beben

98. eingeschränkte Bewusstseinsklarheit, teilweise Verkennungen, traumähnlicher Zustand

99. vor allem bei Epilepsie

100. Desorientiertheit, Merkfähigkeitsstörungen, Konfabulationen

101. Es handelt sich um ein akutes organisches Psychosyndrom ohne Bewusstseinsstörung, das reversibel ist.

102. Demenz, Schizophrenie

103. Nachträglich kann man sie an der typischen partiellen oder totalen Amnesie erkennen.

104. Die Behandlung erfolgt hauptsächlich somatisch und richtet sich nach der zugrunde liegenden körperlichen Erkrankung.

105. Weil akute Syndrome sonst zu chronischen Syndromen werden können und weil 20-30% der unbehandelten akuten psychoorganischen Syndrome zum Tode führen.

106. Bis zum 64. Lebensjahr ist sie sehr gering (1 Promille), danach steigt sie rapide an.

107. Es liegen so gut wie immer primäre Hirnschädigungen vor.

108. Man unterscheidet demenzielle und nicht-demenzielle Syndrome.

109. Bei demenziellen Syndromen ist die intellektuelle Leistungsfähigkeit hauptbetroffen.

110. Gedächtnisstörungen, eingeengtes Denken, Orientierungsstörungen, depressive Stimmung, intaktes Bewusstsein!

111. degenerative Demenzen (50%), vaskuläre Demenzen (10-20%), gemischte Demenzen (10-25%), sekundäre Demenzen (10-15%)

112. Bei frühzeitiger Behandlung sind bis zu 10% reversibel.

113. altersgerechtes Nachlassen, amnestisches Syndrom, Depression, Delir

114. Mini Mental State Test (MMST), Shulman Uhrentest

115. Bei Oligophrenie ist die intellektuelle Leistungsfähigkeit angeboren oder im Zuge der Geburt erworben, bei Demenz wird sie im Verlauf des späteren Lebens erworben.

116. Beim Delir liegt immer eine Bewusstseinsstörung vor, bei Demenz ist das Bewusstsein klar!

117. Ein Delir beginnt plötzlich und verläuft akut. Eine Demenz beginnt allmählich und nimmt meist einen chronischen Verlauf.

118. Merkschwäche, Wortfindungsstörungen, häufig depressive Episoden, Tremor, kleinschrittiger Gang, Kräfteverlust

119. Frauen erkranken häufiger als Männer.

120. Müdigkeit, Schlafumkehr, affektive Störungen, Gedächtnisstörungen, später: Desorientiertheit, motorische Unruhe, gebeugte Gestalt, unsicherer Stand

121. Persönlichkeitsveränderungen, Distanzlosigkeit, später: Gedächtnis- und Sprachstörungen, Orientierungsstörungen, Bagatelldelikte und Exhibitionismus

122. Angst, depressive Stimmung; später: rascher kognitiver Zerfall, Aphasie, Apraxie, Alexie; Zittern

123. Bewusstseinsstörungen, org. Persönlichkeitsveränderung, groteske Bewegungsabläufe, Sprachstörungen, Abmagern, schließlich Pflegebedürftigkeit

124. Tremor (Ruhetremor), Rigor (Starrheit der Bewegungen), Akinese (Bewegungsarmut)

125. Gangstörungen, Demenz, Urininkontinenz

126. Nystagmus (Augenbewegungsstörung), skandierte Sprache, Intentionstremor; später: Demenz mit Reizbarkeit, Kritikschwäche

127. kurzzeitiger Bewusstseinsverlust, Amnesie, Kopfschmerzen, Schwindel, Schwitzen, (postkomotionelle Beschwerden)

128. Es kann zu reversiblen hirnorganischen Psychosyndromen bis hin zur Kontusionspsychose (delirant, depressiv oder halluzinatorisch-paranoid) kommen.

129. Wahneinfall, optische, olfaktorische, gustatorische Halluzinationen, Akoasmen (Geräusche), Zönästhesien

130. Wahnwahrnehmung, Halluzinationen (Stimmen), Ich-Störungen, leibliche Beeinflussungserlebnisse

131. Wahn, Halluzinationen, Katatone Symptome

132. formale Denkstörungen, Affektstörungen, Ich-Störungen (Autismus)

133. Das sind Symptome, die durch einen Mangel gekennzeichnet sind (Alogie, Affektverflachung, Apathie, Anhedonie, Asozialität, Aufmerksamkeitsstörungen, Negativismus). Sie werden auch Negativsymptome genannt.

134. Zum normalen Erleben kommen abnorme Inhalte hinzu (Denkstörungen, Wahn, Halluzinationen, Ich-Störungen). Man nennt sie auch Positivsymptome oder produktive Symptome.

135. Damit wird die Ich-Störung bei intensiver schizophrener Symptomatik bezeichnet, das Leben in zwei Wirklichkeiten, realer und wahnhafter!

136. Typ-1-Schizophrenie ist durch vorwiegende Positivsymptomatik gekennzeichnet, Typ-2-Schizophrenie überwiegend durch Negativsymptomatik.

137. Oberflächliche Albernheit, Rededrang, Grimassen, Marotten, Enthemmung

138. Paranoia, Halluzinationen, 6-8 Episoden, häufigste Form der Schizophrenie!

139. Motorikstörungen, Antriebsstörungen

140. Sie beginnt meist in der Jugend und ähnelt bei mittelstarker Symptomatik normalen Pubertätskrisen.

141. Diese undramatische symptomarme Verlaufsform beschränkt sich auf die Grundsymptome nach Bleuler. Vitalität und Antrieb erlöschen allmählich. Häufig Bildung des Residualtyps.

142. Katatoner Stupor, flexibilitas cerea, Bewegungsstereotypien, stereotype Wortäußerungen

143. Beim reinen Residuum dominiert die Negativsymptomatik. Liegen gleichzeitig positive Symptome vor, so handelt es sich um das gemischte Residuum.

144. Der Residualtyp ist eine chronische Form und besteht aus der Grundsymptomatik nach Bleuler und ist vor allem Ergebnis der Auseinandersetzung mit der Erkrankung.

145. Bekannte Personen werden für andere oder für Doppelgänger gehalten.

146. Vor allem als akustische Halluzinationen in Form von Stimmen: imperative (befehlende), dialogische, kommentierende

147. Das sind Leibgefühlsstörungen mit dem Gefühl des von außen Gemachten. Typisches Beispiel ist das Gefühl einer Bestrahlung. Die Meinhaftigkeit ist gestört!

148. Das sind bizarre Leibstörungen (z.b. Gefühl des inneren Versteinert-Seins, Vergoldung von Organen); Meinhaftigkeit bleibt erhalten.

149. Eine plötzliche, spontane Besserung der Symptomatik, die auch nach vielen Jahren ungünstigen Verlaufes eintreten kann.

150. Neologismen: Wortneuschöpfungen, Schizophasie: Sprachzerfall, Paralogik: Störung des Satzbaus, Grammatik noch erhalten, Paragrammatismus: aufgehobene Grammatik

151. Neuroleptika gegen produktive Symptome, Antidepressiva bei depressiven Symptomen, Rezidivprophylaxe.

152. Hier gilt eine "Drittelregelung": Ein Drittel heilt ohne Residuum aus, ein Drittel verläuft rezidivierend mit Ausbildung eines Residuums, ein Drittel verläuft chronisch.

153. Inzidenz: 0,1-0,4 pro Jahr pro tausend Einwohner, Prävalenz: 1-4, Lebenszeitrisiko: 1 %

154. Man erklärt die Entstehung mit dem Vulnerabilitäts-Stress-Modell.

155. Betroffene fallen als Sonderlinge oder Eigenbrötler auf, die Lebensgestaltung gelingt im Großen und Ganzen. Die Symptomatik reicht zum Vollbild einer Schizophrenie nicht aus.

156. Männer und Frauen erkranken gleich häufig; Männer erkranken früher (20-25) als Frauen (25-30).

157. (Erkrankungen nach dem 40. Lebensjahr werden Spätschizophrenie genannt.)

158. Latente Schizophrenie oder Formes Frustes

159. Depressive Episode (Depression), Manische Episode (Manie), bipolare Störung

160. depressive Verstimmung, Interesse-, Freudlosigkeit, Antriebsstörung, Energieverlust

161. Antriebshemmungen bis hin zu depressivem Stupor.

162. ängstliche Getriebenheit und Jammern

163. Psychosomatische Beschwerden; daher auch somatisierte Depression genannt.

164. Zwangssymptome mit übertriebener Gewissenhaftigkeit

165. Gefühl der Gefühllosigkeit, Durchschlafstörungen, Denkhemmung, Selbstanklage, Morgentief, Wahn (vor allem Verarmungswahn bei Altersdepression)

166. Demenz, Schizophrenie, organische Ursachen

167. inadäquat gehobene Stimmung, Antriebssteigerung, beschleunigtes Denken, Selbstüberschätzung

168. Es handelt sich um eine schwach ausgeprägte Manie mit mitreißendem, durchaus positivem Charakter.

169. Schizophrenie, Persönlichkeitsstörungen, organische Störungen

170. Hierbei handelt es sich um eine chronische, depressive Verstimmung leichteren Grades (mindestens über 2 Jahre).

171. Im frühen Erwachsenenalter einsetzende, dauerhafte Instabilität der Stimmung mit zahlreichen depressiven und manischen Phasen.

172. Schneller Wechsel von Depression und Manie mit mehr als 4 Episoden pro Jahr.

173. Mit dem Vulnerabilitäts-Stress-Modell.

174. Manie mit Neuroleptika, Depression mit Antidepressiva, Schlafentzug, Lichttherapie oder Elektrokrampftherapie in schweren Fällen (depr. Stupor), Rückfallvorbeugung mit Phasenprophylaktika.

175. Prävalenz: 0,5 - 2 %, Lebenszeitrisiko: 1 %, Depressive Erkrankungen kommen bei Frauen häufiger vor, Manien bei Frauen und Männern gleich häufig.

176. Es handelt sich hierbei um eine schizoaffektive Psychose mit phasischem Verlauf von Gegensatzpaaren (z.B. Angst-Glücks-Psychose).

177. Paranoia, Kontaktmangelparanoia, Eigengeruchsparanoia, Dysmorphophobie, Symbiontischer Wahn

178. Wahnhafte Symptome sind ganz im Vordergrund der Störung, die typischen anderen Symptome einer Schizophrenie oder einer affektiven Psychose fehlen jedoch.

179. Es handelt sich um die kritiklose Übernahme der Wahnüberzeugungen des Primärerkrankten durch den Lebenspartner; wird auch induzierter Wahn oder Folie à Deux genannt.

180. Die betroffene Person fühlt sich wegen eingebildeten oder tatsächlichen Körperfehlern abgelehnt.

181. Der Versuch einer rationalen Erklärung eines psychotischen Erlebens.

182. Bei der Wahnwahrnehmung wird eine tatsächliche Wahrnehmung wahnhaft verkannt oder fehlinterpretiert. Bei einer Halluzination erfolgt eine Wahrnehmung ohne tatsächlichen Sinnesreiz.

183. Neuroleptika

184. Eine bekannte Person wird für eine andere oder einen Doppelgänger gehalten.

185. Supportive Psychotherapie kann pathogene Einflussfaktoren reduzieren, soziotherapeutisch kann Milieuwechsel versucht werden.

186. Kontextabhängige Ängste (Phobien), Kontextunabhängige Ängste

187. Das ist die unter den Bedingungen einer Situation üblicherweise zu erwartende Angst, die nicht krankhaft verändert ist.

188. Angstneurose

189. Tachykardie (Herzrasen), Schwindelgefühle, abdominelle Beschwerden, verminderte Belastbarkeit

190. Weil die körperlichen Phänomen oft isoliert auftreten, ohne Angstgefühl!

191. Phobien: Angst vor bestimmten Situationen, Orten oder Objekten.

192. Anhaltende Angst, wenn die betroffene Person im Mittelpunkt steht; auch soziale Neurose oder Antropophobie genannt.

193. Angst in Situationen, in denen Flucht bei peinlichen Ereignissen schwierig wäre (Menschenmengen, freie Plätze, auf Reisen alleine, in Schulklassen etc.); auch Platzangst genannt.

194. Klaustrophobie: Angst in engen Räumen, Aviophobie: Flugangst, Zoophobie: Angst vor Tieren, Akrophobie: Höhenangst

195. Platzangst (Agoraphobie) ist Angst in Situationen, aus denen Flucht im Falle peinlicher Ereignisse schwierig wäre; Klaustrophobie ist die Angst in geschlossenen, engen Räumen (oft falscherweise Platzangst genannt!).

196. Plötzlich, anfallsweise auftretende Angst ohne äußerlich erkannbaren Grund.

197. Angst zu sterben, Angst vor Kontrollverlust

198. Lang anhaltende, frei flottierende Angst in übersteigertem Maße (z. B. Geldsorgen, Sorge um die Kinder).

199. Lebenszeitrisiko: 7 – 8 %, Frauen sind häufiger betroffen

200. HAMA, STAI

201. Antidepressiva, Benzodiazepine (Anxiolytika), teilweise Betablocker

202. Systematische Desensibilisierung, Flooding

203. Erwartungsangst (Angst vor der Angst)

204. Lebenszeitrisiko: 15 %, häufigste Form: Phobien, Frauen häufiger betroffen

205. Zwangsgedanken, Zwangsimpulse, Zwangshandlungen

206. Angst vor Verschmutzung, Streben nach Symmetrie, Angst vor Gesundheitsgefährdung

207. Kontrollzwang

208. Die Meinhaftigkeit bleibt bei Zwangsstörungen erhalten.

209. Aggression gegen andere, sexuelle Praktiken, Autoaggression

210. Antidepressiva (Clomiparin), Serotoninwiederaufnahmehemmer (Fluvoxamin, Sertralin)

211. Lebenszeitrisiko: 1 – 2 %, Frauen und Männer sind gleich häufig betroffen

212. Zwangsstörungen verlaufen meist chronisch.

213. Verhaltenstherapie (Gedanken-Stopp)

214. Stunden bis Tage anhaltende Reaktion auf außergewöhnliche Belastungen mit affektiven und vegetativen Symptomen; auch Nervenschock oder Nervenzusammenbruch genannt.

215. Starke Belastungsreaktion, die mit Verzögerung auf ein stark außergewöhnliches Belastungsereignis (Katastrophe) eintritt; Flashbacks, emotionaler Rückzug, Schreckhaftigkeit.

216. Angst, Depression, Alkoholmissbrauch, Drogenmissbrauch, Suizidalität

217. Gestörte Anpassungsfähigkeit nach einschneidenden Lebensereignissen mit depressiver Begleitsymptomatik.

218. Misstrauen, Feindseligkeit, sozialer Rückzug, depressive Verstimmung

219. Merkmale: ständige Todesfurcht, Entwürdigungen; Beispiele: Folter, Konzentrationslager

220. trizyklische Antidepressiva, Serotoninwiederaufnahmehemmer, Neuroleptika bei Erregung

221. Gesprächstherapie, Verhaltenstherapie

222. Meist klingen diese Störungen mit der Zeit wieder ab.

223. Konversionsstörungen

224. Psychogen entstandene, organisch anmutende Beschwerden als Ausdruck der Entkoppelung von Seele und Körper.

225. Extreme Überstreckung des gesamten Körpers bei dissoziativer Störung.

226. Die Diagnose wird häufiger bei Frauen gestellt; der Häufigkeitsgipfel liegt zwischen dem 20. und 40. Lebensjahr.

227. Epilepsie

228. Lähmungen, Ataxie (Koordinatinsstörung), Astasie (Unfähigkeit zu stehen), Abasie (Unfähigkeit zu gehen), Zittern, Schütteln

229. Existenz von 2 oder mehr Persönlichkeiten nebeneinander, die jeweils eigene Erinnerungen haben und idealtypisch voneinander getrennt sind; auch multiple Persönlichkeit genannt.

230. Hautsensibilitätsstörungen, visuelle Störungen (Tunnelsehen, Verschwommensehen), Taubheit

231. Plötzliche Unfähigkeit, sich an persönliche Daten zu erinnern.

232. Bei multipler Persönlichkeit liegen mehr als eine Persönlichkeit mit eigenen Erinnerungen vor, bei der Schizophrenie gibt es nur eine Persönlichkeit, die in zwei Wirklichkeiten lebt (realer und wahnhafter).

233. Plötzliches Weggehen von zu Hause, verbunden mit der Annahme einer neuen, für real gehaltenen, Identität.

234. Beginn und Ende sind meist plötzlich.

235. Die Meinhaftigkeit bleibt meist erhalten.

236. Massive Verringerung oder völliges Fehlen von willkürlichen Bewegungen.

237. Nur in Ausnahmefällen werden vorübergehend Antidepressiva oder Benzodiazepine gegeben.

238. Die Alltagsbewältigung ist in vielen Fällen stark eingeschränkt bis unmöglich.

239. Meist abrupter Beginn mit flüchtiger Symptombildung, teilweise Chronifizierung.

240. Verhaltenstherapie, tiefenpsychologische Verfahren

241. Die Diagnose wird häufiger bei Frauen gestellt; Häufigkeitsgipfel zwischen 20. und 40. Lebensjahr.

242. Somatoforme Störung: anhaltende oder wiederkehrende körperliche Symptome ohne ausreichende organische Befunde. Dissoziative Störung: Abkopplung von Seele und Körper, keine stabile Körpersymptomatik

243. Übermäßige gedankliche Beschäftigung mit einer vermeintlichen Krankheit oder Organstörung.

244. Übertriebene Sorge aufgrund vermeintlich gestörter Ohren- oder Nasenform, Falten oder Schwellungen im Gesicht; auch Dysmorphophobie genannt.

245. Umfangreiche, anhaltende Körpersymptome ohne organischen Befund; jedes Organ kann betroffen sein; häufigste Form ist die autonome Funktionsstörung.

246. Chronische Schmerzen im Vordergrund der Symptomatik.

247. Neursathenie: anhaltender Erschöpfungszustand, Burn-Out-Syndrom: Ausgebranntsein aufgrund beruflicher Dauerbelastungen

248. Autonome Funktionsstörung mit 25 % Lebenszeitrisiko.

249. Antidepressiva und niedrig dosierte Neuroleptika, Verhaltenstherapie und tiefenpsychologische Verfahren

250. Chronischer Verlauf, häufig mit Medikamentenabhängigkeit.

251. Anorexia nervosa (Magersucht), Bulimia nervosa (Ess-Brech-Sucht), Bulimarexie (Mischform), Adipositas (Fettsucht)

252. Gestörte Wahrnehmung des eigenen Körpers als zu dick im Zusammenhang mit Essstörungen.

253. Sonderform der Bulimie ohne Erbrechen.

254. Anorexie = Abmagern durch Nahrungsverweigerung, Bulimie = Heißhungerattacken mit Erbrechen als Gegenreaktion

255. Ab einem BMI > 30; auch Fettsucht genannt.

256. Mischform zwischen Anorexie und Bulimie.

257. Essstörungen verlaufen meist chronisch, oft mit Hang zum Suizid; Übergänge zu Zwang, depressiven Störungen und Sucht. Bis zu 20 % Todesfälle bei Anorexie, 40 % Besserung nach Langzeittherapie.

258. Verhaltenstherapie, Familientherapie, Stationäre Anorexietherapie: Anheben des Gewichtes, Fremdsteuerung der Ernährung, Selbststeuerung der Ernährung, Vorbereitung auf die Entlassung

259. Erregungsphase, Plateauphase, Orgasmusphase, Entspannungsphase

260. Anorexie bei ca. 1 % der 15-25-jährigen Frauen, Bulimie 1-3 %, Frauen häufiger betroffen als Männer, hohe Dunkelziffer, Frauen aus gehobenen Gesellschaftsschichten stärker betroffen.

261. Dyspareunie (Algopareunie)

262. Sexuelle Funktionsstörungen, Störungen der Geschlechtsidentität, Störungen der Sexualpräferenz

263. Transsexualismus: Wunsch nach Geschlechtsumwandlung, Transvestitismus: Tragen der Kleidung des anderen Geschlechts

264. Störungen der Appetenz, Störungen der Erregung, Orgasmusstörungen, Störungen mit Schmerzen

265. Paraphilien

266. Verkrampfung der Scheidenmuskulatur beim Geschlechtsverkehr.

267. Sexuelle Erregung durch das Tragen der Kleidung des anderen Geschlechts.

268. Transsexualismus kommt häufiger bei Männern vor, Transvestitismus fast ausschließlich bei Männern.

269. Sadisten fügen gerne anderen Schmerzen beim Geschlechtsverkehr zu, Masochisten erleiden gerne Schmerzen; kommen meist kombiniert vor!

270. Fetischismus, fetischistischer Transvestitismus, Exhibitionismus, Voyeurismus, Pädophilie, Sadomasochismus

271. Antiandrogene

272. Exhibitionisten zeigen sich nackt, Voyeuristen beobachten andere, die nackt sind bzw. beim Geschlechtsverkehr.

273. Permission (Zulassen), Limited Information (Aufklärung), Specific Suggestion (gezielte Lösungsansätze), Intensive Therapie

274. Viagra (Sildenafil), Schwellkörperautoinjektion

275. Ein Drittel der verheirateten Frauen und ein Fünftel der Männer klagen zeitweise über sexuelle Störungen.

276. Verhaltenstherapie

277. Frauen: vermindertes Verlangen und Orgasmusstörungen, Männer: Erektionsstörungen und vorzeitige Ejakulation

278. Von der subjektiven Verarbeitung und den Reaktionen der sozialen Umwelt.

279. Einschlafen, Leichtschlaf, Mitteltiefer Schlaf, Tiefschlaf, Paradoxer Schlaf (REM)

280. Dyssomnien: Dauer, Qualität, Zeitpunkt des Schlafens gestört; Insomnie, Hypersomnie, Störung des Schlaf-Wach-Rhythmus; Parasomnien: abnorme Episoden, die den Schlaf unterbrechen; Schlafwandeln, Pavor nocturnus, Albtraum

281. Insomnie: Ein- oder Durchschlafprobleme; Hypersomnie: Schlafanfälle bei Tag, die nicht durch unzureichenden Nachtschlaf erklärt werden können.

282. Träume treten in der REM-Phase auf; sie macht insgesamt bis zu einem Viertel der Schlafdauer aus.

283. Schlaflosigkeit aufgrund des Umkehrs des Tag-Nacht-Rhythmus (Schichtarbeit, Reisen)

284. Einschlafneigung in monotonen Situationen, Kataplexie (Muskeltonusverlust ohne Bewusstseinsverlust)

285. Panikreaktion im ersten Schlafdrittel mit Schreien und Fluchtimpulsen; völlige oder teilweise Amnesie nach dem Erwachen.

286. Umherwandern mit starrem Gesicht bei Nacht, meist mit Amnesie für diese Zeit verbunden.

287. Pavor nocturnus: Furchtreaktion im ersten Schlafdrittel; Amnesie nach dem Erwachen; Albtraum: Furcht einflößender Traum im letzten Schlafdrittel, keine Amnesie

288. Handlungen anderer werden als absichtlich erniedrigend erlebt, pathologische Eifersucht, Kampf um vermeintliches oder tatsächlich erlittenes Unrecht

289. Gleichgültigkeit in soz. Beziehungen, eingeschränkte emotionale Fähigkeiten, scheu, emotional kühl, Bruch soz. Regeln

290. verantwortungsloses Verhalten, geringe Frustrationstoleranz, Straffälligkeit

291. Synonym: antisoziale Persönlichkeitsstörung, frühere Bezeichnung: Soziopathie

292. wechselnde Stimmungslage, Tendenz, Impulse auszuleben, instabile Beziehungsmuster, Typen: Impulsiver Typ, Borderline-Typ

293. übermäßige Emotionalität, Aufmerksamkeitsdrang, theatralisches Verhalten, Synonym: hysterische Persönlichkeitsstörungen

294. Perfektionismus, Rigidität im Denken und Handeln, depressive Stimmung, Synonym: zwanghafte Persönlichkeitsstörungen

295. Angst vor negativer Beurteilung, Überschätzung von Risiken, Unfähigkeit, soz. Beziehungen zu pflegen, Synonyme: vermeidende oder selbstunsichere Persönlichkeitsst.

296. Selbstwahrnehmung als hilflos, Verlassensängste, Abgeben von Verantwortung, starke Verletzlichkeit bei Kritik, Synonyme: asthenische oder dependente Persönlichkeitsstörung

297. Psychopathie

298. Extraversion, Verträglichkeit, Gewissenhaftigkeit, Neurotizismus, Offenheit

299. Freiburger-Persönlichkeits-Inventar (FPI), Minnesota-Multiphasic-Personality-Inventory (MMPI), Münchner Persönlichkeitstest (MPT), Eysenck-Persönlichkeits-Inventar (EPI)

300. Kompensation

301. Die schizotype Persönlichkeitsstörung erinnert in ihrer Symptomatik an Schizophrenie, es fehlt jedoch der für Schizophrenie typische Wahn!

302. Sie wird nur bei komorbiden psychischen Erkrankungen angewandt.

303. Verhaltenstherapie und tiefenpsychologische Verfahren

304. Prävalenz: 5-18 % in der Allgemeinbevölkerung, 50 % bei psychiatrischen Patienten, häufigste Formen: dependente, dissoziale, histrionische Störungen und Borderline

305. Dissoziale und zwanghafte Störungen kommen häufiger bei Männern, Borderline und abhängige Störungen häufiger bei Frauen vor.

306. Drittelregelung: ein Drittel günstige, ein Drittel partiell günstige und ein Drittel ungünstige Verläufe.

307. Kleptomanie, Pyromanie, Pathologisches Spielen

308. Faszination für Feuer und Brandstiftung; auch pathologische Brandstiftung genannt.

309. Zwanghaftes Stehlen ohne Bereicherungsabsicht; auch pathologisches Stehlen genannt.

310. Es handelt sich um Impulskontrollstörungen: Trichotillomanie: Haareausreißen, Poriomanie: Weglaufen

311. Unfähigkeit, dem Glücksspiel zu widerstehen; typische Folgen sind Verschuldung und strafbare Handlungen.

312. Lithium, Carbamazepin, serotonerge Antidepressiva

313. Spannung / Erregung vor der Handlung, Befriedigung während der Handlung, Schuldgefühle nach der Handlung

314. Impulskontrollstörungen neigen zur Chronifizierung mit Tendenzen zu Abhängigkeit, strafbaren Handlungen und Suizidversuchen; Pyromanie wird oft durch juristische Folgen unterbrochen.

315. Kleptomanie: Frauen häufiger, Pathologisches Spielen: Männer häufiger, Pyromanie: fast nur Männer

316. Sucht = psychische Abhängigkeit, Gewöhnung = körperl. Abhängigkeit

317. Alle Stoffe, die psychotrop wirken, (d.h. auf das zentrale Nervensystem) und daher Abhängigkeit erzeugen.

318. Mehrfachabhängigkeit

319. Psychisches Verlangen nach Drogen.

320. Alkoholabhängigkeit: 70 %, Polytoxikomanie: 20 %, Medikamente: 5 %, Illegale Drogen: 5 %

321. Morphin-Opiat-Typ, Barbiturat-Alkohol-Typ, Kokain-Typ, Cannabis-Typ, Amphetamin-Typ, Halluzinogen-Typ

322. Spielsucht, Pathologische Brandstiftung, Pathologisches Stehlen, ICD-10: Impulskontrollstörungen

323. Wirkungsverstärkung, Vermeidung von Entzugssyndromen

324. starker Wunsch oder Zwang, verminderte Kontrollfähigkeit, körperliches Entzugssyndrom, Toleranzentwicklung, fortschreitende Vernachlässigung anderer Interessen, anhaltender Konsum trotz nachgewiesener Schädigung

325. 10 – 15 %

326. Präalkoholische Phase, Prodromale Phase, Kritische Phase, Chronische Phase

327. Es gibt 6 Abhängigkeitskriterien, 3 davon müssen erfüllt sein, damit Abhängigkeit diagnostiziert werden kann.

328. heimliches Trinken, Toleranzentwicklung, amnestische Lücken, schnelles erstes Glas

329. Prävalenz: 1 %, Lebenszeitrisiko: 5 %

330. deutliche Schädigungsfolgen, sinkende Alkoholtoleranz, morgendliches Trinken, verlängerte Räusche, sozialer Abstieg

331. Erleichterungstrinken, steigende Verträglichkeit, sinkende seelische Belastbarkeit

332. Gelegenheitstrinker, keine Abhängigkeit, kein Kontrollverlust, Fähigkeit zur Abstinenz

333. Stimmungsschwankungen, Abstinenzversuche, Kontrollverlust, Interesseneinengung, Alibis, körperliche Folgen

334. Gewohnheitstrinker, physisch, kein Kontrollverlust, Unfähigkeit zur Abstinenz

335. Konflikttrinker, zeitweise psychisch, kein Kontrollverlust, Fähigkeit zur Abstinenz

336. Gamma

337. süchtiger Trinker, psychisch, später physisch, Kontrollverlust, zeitweise Fähigkeit zur Abstinenz

338. gehobene Stimmung, Enthemmung, Angstabbau, Steigerung von Antrieb, Motorik, Bewusstseinsstörungen, vegetative Symptome

339. episodischer Trinker, psychisch, Kontrollverlust, Fähigkeit zur Abstinenz

340. Dämmerzustand, schlagartiger Beginn, Erregungszustände (Gewalttaten), Störungen von Bewusstsein und Orientierung, Amnesie für den Zeitraum des Rausches

341. einfacher Rausch, komplizierter Rausch, pathologischer Rausch

342. Desorientiertheit, Bewusstseinsstörungen, motorische Unruhe, optische Halluzinationen, hohe Suggestibilität, vegetative Symptome

343. Er unterscheidet sich nur quantitativ.

344. akustische Halluzinationen mit Beschimpfungen, Wahn, keine Bewusstseinsstörungen, keine Orientierungsstörungen

345. Herabgesetzte Alkoholtoleranz nach organischen Hirnschäden durch Alkohol oder Drogen, durch Schädel-Hirn-Traumata oder Epilepsie.

346. Wernicke-Enzephalopathie, Korsakow-Syndrom, hepatische Enzephalopathie

347. 3 – 7 Tage

348. Trias aus: Merkfähigkeitsstörung, Desorientiertheit, Konfabulationen

349. Fortschreitende Hirndegeneration aufgrund langfristigen Alkoholmiss-brauchs mit Alkoholintoxikationen.

350. Beim Alkoholdelir sind Bewusstsein und Orientierung gestört, bei der Alko-holhalluzinose nicht!

351. Trias aus: Bewusstseinsstörungen, Ataxie, Augenmuskelstörungen

352. Minderwuchs, kleiner Kopf, häufig Herzfehler, Aufmerksamkeitsstörungen, reduzierte Denk-, Lernfähigkeit

353. akutes Koma, Flapping-Tremor, Hyperreflexie, Demenz

354. Weil Depressionen häufig mit Alkohol selbstbehandelt werden.

355. Schädigung eines ungeborenen/ neugeborenen Kindes durch Alkoholmiss-brauch der Mutter; wird auch als fetales Alkoholsyndrom bezeichnet.

356. Kontakt- und Motivationsphase, Entgiftungs-/ Entzugphase, Entwöhnungs-phase, Nachsorge-/ Rehaphase

357. MALT (Münchner Alkoholismus-Test), KFA (Kurzfragebogen für Alkoholge-fährdete), CAGE-Test

358. 1 – 4 Wochen

359. Eine Bezugsperson, die die Alkoholabhängigkeit durch ihr Verhalten stützt.

360. Die Lebenserwartung ist um durchschnittlich 15 % reduziert (12 Jahre).

361. Suchtdruck mit Anti-Craving-Mitteln; Acamprosat, Naltrexon, Entzugssyn-drome mit Neuroleptika und Antidepressiva, Delir mit Clomethiazol

362. vorliegende Organschäden, psychische Folgen, soziales Umfeld

363. Anonyme Alkoholiker, Blaues Kreuz, Kreuzbund, Guttempler

364. Opium, Heroin, Methadon, Codein, Analgetika

365. 4 – 8 Wochen (kurzfristig), 6 Monate (mittelfristig)

366. Bradykardie, Gewichtsverlust, spastische Obstipation, Tremor, fahlgraue Haut

367. ausgeprägte Schmerzstillung, Euphorie, Somnolenz, Affektlabilität, We-sensänderung

368. Beginn 6-12 Std. nach Einnahme; Höhepunkt nach 24-48 Std., Craving, Unruhe, Muskelschmerzen, Gähnzwang, Schlaflosigkeit, Durchfall, Erbre-chen

369. Trias aus: Koma, Atemdepression, Miosis

370. Euphorie, Sedierung, Affektlabilität, Dysphorie, Gedächtnislücken

371. Alkohol, Bezodiazepine, Barbiturate

372. Schwäche, Tremor, Übelkeit, Albträume, Wahrnehmungsverzerrungen

373. Somnolenz bis Koma, Atemdepression,

374. Euphorie, Libidosteigerung, subjektive Steigerung von Kreativität und Leistungsfähigkeit, reduzierter Hunger, Schlaf, Halluzinationen, Angst, Depression, paranoide Gedanken

375. Dysarthrie, Ataxie, Exantheme, Erregung

376. Erregung, Dämmerzustand, teilweise Kokainschock, Delir

377. Tachykardie, Impotenz, Nasenseptumdefekte

378. Tetrahydrocannabinol (THC)

379. Haschisch, Marihuana

380. Akute Angstreaktion im Zusammenhang mit Drogenkonsum mit dem Gefühl der Bedrohung; auch bad trip genannt.

381. Euphorie; bei längerem Missbrauch: paranoide Reaktionen, Halluzinationen, Gedächtnislücken

382. Amphetamine, Weckamine, Ketamin, Metamphetamin, Speed), Ecstasy (XTC)

383. Tachykardie, Bluthochdruck, psychomotorische Unruhe

384. Antriebssteigerung, Appetitzügelung, Unruhe, Enthemmung, Euphorie, Ideenflucht, Sinnestäuschungen, paranoide Symptome, Angst

385. Im Labor hergestellte, künstliche (voll-synthetische) Drogen.

386. LSD, Engelstrompete, DOM, PCP (Angel's Dust)

387. Blutdruckanstieg, Herz-Kreislauf-Störungen, motorische Stereotypien und paranoid-halluzinatorische Psychosyndrome nach langfristiger Einnahme

388. Initialstadium, Rauschphase, Erholungsphase, Nachwirkungsphase

389. Gefühlsintensivierung, optische Halluzinationen, Ideenflucht, Störungen des Raum-Zeit-Gefühls

390. Missbrauch von Lösungsmitteln über die Atemwege; Klebstoffe, Verdünner, Aceton, Äther, Nitro, Butan

391. Desorientiertheit, Halluzinationen, teilweise Delir

392. Morphin-Opiat-Typ, Barbiturat-Alkohol-Typ

393. traumähnlicher Zustand, Bewusstseinseintrübung, Euphorie, Delir mit Desorientiertheit und optischen Halluzinationen

394. Psychosomatisch: klarer Körperbefund, Somatoform: stabile Körpersymptome, kein eindeutiger Befund, Dissoziativ: keine stabile Körpersymptomatik

395. Ulcus duodeni, Colitis ulcerosa, Essentielle Hypertonie, Rheumatoide Arthritis, Hyperthyreose, Neurodermitis, Asthma bronchiale

396. Zwölffingerdarmgeschwür, Nüchternschmerz, Schmerz Stunden nach Nahrungseinnahme

397. emotionaler Rückfall in orale Phase, Überbehütung oder Versagung in oraler Phase, Pseudounabhängigkeit

398. Ulcus duodeni: Zwölffingerdarmgeschwür mit Schmerzen nach mehreren Stunden nach Nahrungsein-nahme und Nüchternschmerz; Ulcus ventricili: Magengeschwür mit Schmerzen und Erbrechen unmittelbar nach Nahrungseinnahme

399. Entzündung im Dickdarm, blutig-schleimige Stuhlentleerungen, Entzündungen der Augen und Gelenke als Begleitsymptomatik

400. Störung der Mutter-Kind-Symbiose, Verinnerlichung des Mutter-Objektes und Abwehrreaktio, (Durchfall), Abhängigkeitsgefühle, Verletzlichkeit

401. Bluthochdruck (>160 - 95), anfangs unspezifisch, später Gefäßkomplikationen, Atemnot, Herzbeschwerden, Kopfschmerzen, Herzinfarkt und Schlaganfall möglich

402. gehemmte aggressive Triebe, nachgiebige, angepasste Persönlichkeit, Helferhaltung

403. Entzündung der Gelenke, Steifheit und Schmerzen am Morgen, Druckschmerzempfindlichkeit, Besserung bei Bewegung, synonym: chron. Polyarthritis

404. verdrängte aggressive Impulse der ödipalen Phase, Übersetzung in Muskelspannung und Bewegung, mangelnder Ausgleich zwischen Weichheit und Härte

405. Hormonstörung, Tachykardie (Herzrasen), Struma (Drüsenschwellung), Nervosität, Unruhe, Ermüdbarkeit, Schweißneigung, Synonym: Morbus Basedow

406. große Bereitschaft zur Sorge für andere, Kompensation von aggressiven Regungen und Angst durch Übernahme von Verantwortung

407. Der hormonelle Normalzustand wird von den Betroffen meist als kraftlos erlebt.

408. Partnerschaftsprobleme, Trennungen, fehlende Nähe, Zuwendung, sexuelle Frustration, allergische Reaktionen (erblich!)

409. Hang zur schizoiden Persönlichkeit: emotional eingeschränkt, scheu, kühl, oberflächliche Beziehungen

410. exogen allergisch (extrinsisch), infektiös (intrinsisch), psychisch

411. körperliche Anstrengung, emotionale Erregung, Angst, Ärger, angenehme Aufregung, Kontakt zu Antigenen, bewusste Hyperventilation

412. Bei Überdosierungen des Asthma-Sprays kann es zu Herzrhythmusstörungen kommen, die zum Tod führen können.

413. Handlungen ohne deutliche äußere Gewalteinwirkung, z. B. Intoxikationen, Medikamente.

414. Handlungen mit massiver äußerer Einwirkung, z. B. Erschießen, Erhängen, selbstverursachter Unfall

415. Selbsttötung aufgrund Nachahmung eines Vorbildes, oft bei Suizid von Jugendidolen.

416. Selbsttötung nach Überlegung und Abwägung.

417. Beim Parasuizid handelt es sich um selbstschädigende Handlungen mit nicht-tödli-chem Ausgang.

418. Das Einbeziehen anderer Personen, ohne deren Zustimmung; auch Mitnahmesuizid genannt.

419. Suizidähnliche Handlung ohne wirkliche Tötungsabsicht als Hilfeschrei! Synonyme: appelativer oder demonstrativer Suizidversuch

420. Schrittweise Selbsttötung oder wiederholte Inkaufnahme von tödlichen Risiken; auch chronischer Suizid genannt.

421. Erwägungsphase, Ambivalenzphase, Entschlussphase

422. Weil sie oft ein letzter Hilferuf vor einem tatsächlichen Suizid sind.

423. Aggressionshemmung, soziale Isolierung

424. zunehmende Einengung, Aggressionsstau/ -umkehr, Suizidphantasien

425. Ruhe vor dem Sturm, Teilnahmslosigkeit

426. Unschlüssigkeit, Kontaktsuche, Mitteilung, Hilferuf

427. Wenn die Suizidalität als akut eingestuft werden kann und gleichzeitig eine schwere psychische Erkrankung (Psychose) vorliegt. Auf jeden Fall entscheidet ein Richter nach Anhörung eines Arztes!

428. Ein Teil der Unentschlossenheit der Ambivalenzphase bleibt selbst während der Suizidhandlung noch erhalten (Restambivalenz), um im Falle des Überlebens das Leben doch noch annehmen zu können (Gottesurteil).

429. Überzeugungsarbeit und Krisenintervention sind Pflicht! Einbeziehen der Angehörigen. Zwangseinweisung ist nicht möglich!

430. Suizidversuche kommen häufiger bei Frauen vor; erfolgreicher Suizid hingegen kommt häufiger bei Männern vor!

431. Die Therapiebereitschaft ist unmittelbar nach dem Suizidversuch am größten. Die Rückfallquote beträgt 6 Monate nach einem Suizidversuch 20 - 30 %, nach 12 Monaten 10 - 20 %.

432. Es handelt sich um eine angeborene Intelligenzminderung aufgrund prä- oder perinataler Schädigungen.

433. Oligophrenie ist eine angeborene In-telligenzminderung, Demenz ist eine im späteren Lebenslauf erworbene Intelligenzminderung bzw. kollektiver Abbau.

434. intellektuelle Minderleistung, Passivität, geringes Selbstwertgefühl, mangelnde Impulskontrolle, Aggressivität

435. Psychose im Kindesalter im Zusammenhang mit Intelligenzminderung.

436. HAWIE-R, HAWIK-III

437. leicht (50-69), mittelgradig (35-49, schwer (20-34), schwerst (<20)

438. leicht = Debilität, mittelgradig = Imbezillität, schwer = schwere geistige Behinderung, schwerst = Idiotie

439. Übergangsbereich zwischen durchschnittlicher Intelligenz und leichter Intelligenzminderung.

440. Bei 5 % der Allgemeinbevölkerung liegt eine Intelligenzminderung vor, bei 1% in schwerer Form; Männer sind häufiger betroffen als Frauen.

441. Werkzeugstörungen

442. Bei Sprachstörungen sind Sprachent-wicklung und/oder Sprachverständnis gestört, bei Sprechstörungen ist der Redefluss gestört.

443. Es handelt sich um Artikulationsstörungen: Sigmatismus = Lispeln, Rotazismus = R-Bildungsfehler

444. abnorme Lautbildungsstörungen (Auslassen, Verzerren, Ersetzen)

445. 3-Jährige: p, b, t; 6-Jährige: r, s, f, z, l

446. Dyslalie, phonologische Entwicklungsstörung

447. Schlechtes Sprachverständnis, kaum Auffassen subtiler Kommunikation; auch Worttaubheit genannt.

448. Deutlich schlechtere Ausdrucksfähigkeit bei normalem Sprachverständnis.

449. Ein Drittel der Betroffenen wird gesund, bei zwei Drittel bleiben Störungen dauerhaft.

450. Zerebrale Krampfanfälle mit fortschreitendem Sprachverlust.

451. In 80 % aller Fälle tritt Spontanremission ein, 20 % verlaufen chronisch.

452. klonisch (Silben-, Wortwiederholungen), tonisch (Dehnungen)

453. Dyslexie, Legasthenie

454. Gestörter Redefluss durch hohe Sprechgeschwindigkeit; kann nach Aufforderung angepasst werden.

455. 6 %, Jungen sind häufiger betroffen.

456. Buchstabenverwechslungen, Inversionen (Drehungen), Silbenweglassen, Regelfehler, langsames Lesen

457. Rechenstörung, gestörte Rechts- links-Unterscheidung, gestörte Graphomotorik, gestörte Fingeridentifikation

458. Rechenstörung = Dyskalkulie, Unfähigkeit = Akalkulie

459. 2 – 4 Kinder von 10.000 sind betroffen, Jungen häufiger als Mädchen.

460. Abkapselung, ritualisierte Kontaktaufnahme, kein Bedürfnis nach Zuwendung, bizarre Objektbindungen, stereotypes Verhalten

461. autistische Züge, eingeschränkte Beziehungsfähigkeit, brilliante Spezialleistungen, Sprache und Intelligenz normal oder besonders entwickelt

462. autistische Züge, waschende oder knetende Handbewegungen, Minderwuchs, Kleinköpfigkeit, meist epileptische Anfälle

463. Schizotype Störung des Kindesalters oder autistische Psychopathie; Jungen sind wesentlich häufiger betroffen als Mädchen (9:1)!

464. Beim frühkindlichen Autismus sind In-telligenz und Sprache stark eingeschränkt, beim Asperger-Syndrom sind beide normal oder gar hoch entwickelt.

465. Es handelt sich um Dauerzustände, die kaum veränderbar sind; ggf. supportive Psychotherapie für Angehörige.

466. Asperger-Symptomatik, Kommunikationsstörungen, HKS, Tourette, Zwang als komorbide Störungen

467. Phobien, Schlafstörungen, Essstörungen, affektive Störungen

468. Durch fortschreitenden intellektuellen Abbau, Muskelschwund und Skoliose (Wirbelsäulendeformation) werden die Betroffenen pflegebedürftig und sterben spätestens im 4. Lebensjahrzehnt.

469. Variationen des frühkindlichen Autismus, bei denen nicht alle typischen Symptome zu beobachten sind.

470. Trias aus: Hypermotorik, Aufmerksamkeitsstörungen, Affektstörungen

471. hyperaktives Syndrom, hypermotorisches Syndrom, ADHD / ADHS

472. 3 % Betroffene; Jungen 3-mal häufiger als Mädchen.

473. geringes Selbstwertgefühl, Fassade der Gelassenheit, geringe Frustrationstoleranz, Impulsivität, Schule schwänzen, Weglaufen, Drogen-, Eigentumsdelikte

474. Verhaltensstörung, Dissozialität, Conduct Disorder, bei schwerer Symptomatik: Verwahrlosung

475. Altersabhängige Angstzustände, die nicht den üblichen Angststörungen der ICD-10 zugerechnet werden können.

476. Trennungsangst, Fremdenscheu, soziale Überempfindlichkeit, Geschwisterrivalität

477. Schulphobie zeigt sich in Abwesenheit aufgrund von Trennungsängsten gegenüber primärer Bezugspersonen, Schule schwän-zen ist ein dissoziales Verhalten.

478. Sprachverweigerung gegenüber bestimmten Personen bei meist gut erhaltener non-verbaler Kontaktaufnahme.

479. 3 von 10.000 Kindern sind betroffen, Mädchen häufiger als Jungen.

480. reaktive Bindungsstörungen (Furchtreaktionen, Gehemmtheit), Bindungsstörung mit Enthemmung (Distanzlosigkeit, Anklammerung)

481. Vokal, motorisch

482. einfache motorische Tics: Blinzeln, Gesichtszucken, Schulterzucken; komplexe motorische Tics: Hüpfen, Berühren von Objekten

483. einfache vokale Tics: Räuspern, Grunzen; komplexe vokale Tics: Wörter oder Sätze, Echolalie, Koprolalie, Palilalie

484. Kombination von multiplen motorischen und mindestens einem vokalen Tic in schwerer Form.

485. 5 – 15 % aller Kinder entwickeln zeitweise Tics; Hauptmanifestationsalter ist das 7. Lebensjahr, Jungen sind häufiger betroffen.

486. Enuresis (Einnässen), Enkopresis (Stuhlentleerung)

487. Enuresis nocturna (nächtlich): Jungen häufiger, Enuresis diurna (tagsüber): Mädchen häufiger

488. Jungen

489. Bei primärer Enuresis liegt eine Ent-wicklungsverzögerung vor, bei sekundärer Enuresis war das Kind bereits für mindestens 6 Monate trocken.

490. Pica, Rumination, Fütterungsstörungen

491. Pica bezeichnet das Essen ungenießbarer Stoffe (z. B. Papier), Rumination bezeichnet das Ausspucken und Wiederkauen der Nahrung.

492. Körperschaukeln, Kopfschaukeln, Haarezupfen, Händeschütteln, Zähneknirschen

493. Auffällige kindliche Verhaltensweisen, die nicht oder nur bedingt korrigierbar sind und nicht zwingend ungewöhnlich sind (Daumenlutschen, Nägelbeißen).

494. Nur bei Jungen vorkommende Kindes-/ Jugendpsychose mit Hypersomnie, Megaphagie (Schluckstörungen), produktiven Symptomen

495. Psychotische Störung im Jugendalter, die deutlich über das prämenstruelle Syndrom hinausgeht.

496. Dementia infantilis Heller (plötzlicher Abbau nach ca. 3-jähriger normaler Entwicklung); Kramer-Pollnow-Syndrom (motorische Unruhe, Stimmungslabilität, Sprachabbau)

497. Typische Mimik bei Morbus Heller.

498. Oligophrenie: angeborene Schädigung, Infantile Demenz: Schädigung des noch nicht vollst. entw. Gehirns, Demenz: Schädigung des vollständig entwickelten Gehirns

499. Psychopharmaka, Lichttherapie, Wachtherapie, Magnetstimulation (rTMS), Elektrokrampftherapie (EKT)

500. Neuroleptika, Antidepressiva, Phasenprophylaktika

501. Wachtherapie, Lichttherapie

502. Schizophrenie, schizoaffektive Störungen, Wahn (schwere Melancholie), Erregung bei psychoorganischen Syndromen

503. dämpfen psychot. Symptome, gegen Wahn, Sinnestäuschung, mindern Ich-Störungen und Katatonie, Erregungsdämpfung

504. hoch sedierend = niedrig potent; wenig sedierend = hoch potent

505. Tabletten, Injektionen (Depotneuroleptika)

506. Clozepin (Leponex), Sulpirid (Dogmatil), Zuclopentixol (Ciatyl)

507. Benperidol (Glianimon), Flupentixol (Fluanxol), Haloperidol (Haldol)

508. gleichmäßige Wirkstoffabgabe, Einsparen von Medikamenten

509. Levomepromazin (Neurocil), Melperon (Eunerpan), Pipamperon (Dipiperon)

510. Sie verursachen (vermutlich) keine Bewegungsstörungen als Nebenwirkung.

511. Haloperidol (Haldol), Flupentixol, Zuclopentixol

512. Innerhalb weniger Tage.

513. Clozapin (Leponex), Olanzapin (Zyprexa), Amisulprid

514. Blutdrucksenkung mit Schwindel, Mundtrockenheit, Verstopfung, Akkommodationsstörungen (reversibel)

515. allmähliche Reduzierung der Anfangsdosierung, geringst mögliche Dosierung zur Rezidivprophylaxe (1-2 Jahre), bei wiederholter Erkrankung dauert die Rezidivprophylaxe länger

516. niedrig potente, sedierende Mittel, kein Abhängigkeitspotenzial, kein paradoxer Effekt

517. Weil (selten) als Nebenwirkung eine Blutbildungsstörung auftreten kann.

518. Stimmungsaufhellend, antriebssteigernd, Regulierung somat. Symptome, wirken unabhängig von der Ursache der Depression

519. Depressionen aller Art, depressive Begleitsymptomatik bei Angst, Zwang, Sucht, ersatzweise für Schlafmittel oder Schmerzmittel

520. Sie besitzen kein Abhängigkeitspotenzial!

521. Amitryptilin (Saroten), Doxepin (Aponal), Mianserin (Tolvin)

522. Selektive Serotonin Wiederaufnahmehemmer (Parotexin, Sertralin), MAO-Hemmer (Moclobemid)

523. 2 – 3 Wochen

524. Das bezeichnet die Beobachtung, dass ein Medikament ab einer gewissen Dosis sehr gut wirkt, knapp unterhalb überhaupt nicht; kommt häufig vor bei Antidepressiva.

525. oft sedierend, Mundtrockenheit (reversibel), Akkommodationsstörungen (rev.), teilweise Blutbildungsstörungen

526. Phytotherapeutika sind pflanzliche Medikamente. Als Antidepressivum ist das Johanniskraut (Hypericum) anerkannt.

527. Medikamente zur Rückfallvorbeugung bei psychotischen Erkrankungen.

528. Lithiumsalze, Antiepileptika, Neuroleptika, Antidepressiva

529. Carbamazepin (Tegretal), Valproinsäure (Ergenyl)

530. Lithiumcarbonat (Hypnorex, Quilonum), Lithiumsulfat (Lithium duriles)

531. Bei Überdosierung besteht Gefahr internistischer Probleme, bei zu geringer Dosierung kann es zu Rückfällen kommen.

532. Bei Lithiumbehandlungen kommt es nicht zu Spätdyskinesien (Bewegungsstörungen als Spätfolge).

533. Bei richtiger Dosierung kann Lithium lebenslang eingenommen werden.

534. Schwangerschaft, Stillzeit

535. leichtes Zittern (gut behandelbar), Appetit- und Gewichtszunahme, internistische Probleme bei Überdosierung

536. Hypnotika: Schlafmittel, Tranquilizer: Beruhigungsmittel, Anxiolytika: angstlösende Mittel

537. Benzodiazepine

538. Angsterkrankungen, Unruhe im Zusammenhang mit depressiven Erkrankungen

539. Diazepam (Valium), Bromazepam (Lexotanil), Oxazepam Adumbran)

540. Zolpidem (Stilnox), Zopiclon (Ximovan), Buspiron (Bespar)

541. gute Aktuverträglichkeit, schneller Wirkungseintritt, kaum Überdosierungsgefahr, hohes Abhängigkeitspotenzial

542. Bei älteren Patienten können paradoxe Effekte auftreten, d. h. das Gegenteil der erwünschten Wirkung tritt ein (Verwirrtheit).

543. Aufgrund des Abhängigkeitspotenzials ist Langzeiteinnahme nicht möglich.

544. Neben Nikotin und Alkohol sind Ben-zodiazepine das häufigste Suchtmittel in Deutschland!

545. Bei Depressionen aller Art.

546. Wecken des Patienten in der 2. Nachthälfte, Schlafen erst am nächsten Abend (normale Dauer)

547. Katatonie, Schizophrene Psychosen, schwere Melancholie

548. Elektrostimulation am Kopf des Patienten, Auslösen eines epileptischen Anfalls, Vollnarkose, Patient spürt nichts, gute Wirkung bei 6-10 Anwendungen

549. Wird bei leichten und mittelschweren Depressionen erfolgreich angewandt.

550. Magnetimpulse auf die dominante Gehrinhälfte für 5 Sek. im Minutenabstand, 15 – 20 Minuten Behandlung, ungefährlich, ohne Nebenwirkungen

551. Lichttherapie ist ausschließlich bei der saisonal abhängigen Depression (SAD) wirksam.

552. Bestrahlung mit hellem Licht, vergleichbar einem Sonnentag (2.500-5.000 Lux), meist 2 Stunden täglich, einmal pro Minute Öffnen der Augen für einige Sekunden

553. Bei der Bright-Light-Methode kommt helles Licht zum Einsatz (bis 5.000 Lux); sie ist die häufigere Methode. Bei der Dim-Light-Methode wird mit 50 Lux gearbeitet.

554. Sexualtrieb (Libido), Aggressionstrieb

555. Die Triebquelle entspringt den Bedürfnissen des "ES", das Triebziel ist die Bedürfnisbefriedigung, die mit Hilfe eines Objektes (Triebobjekt) erreicht werden soll.

556. ES: Triebe, ICH: Bewusstsein, ÜBER-ICH: Gewissen

557. Das "ES" ist die Instanz der ungezügelten, unbelehrbaren Triebe und Wünsche; es ist angeboren und unausrottbar.

558. Das ICH ist der Teil, der sich nach außen zeigt und mit der Umwelt in Kontakt tritt, also das, was wir bewusst tun. Das ÜBER-ICH ist die Instanz unserer Werte und Normen, unser Gewissen.

559. orale Phase (1. Lebensjahr), anale Phase (2. u. 3. Lebensjahr), phallische Phase (4. u. 5. Lebensj.), Latenzphase (6.-10- Lebensjahr), Genitalphase (10.-16. Lebensjahr)

560. Durch verdrängte Konflikte (Spannungen zwischen widerstrebenden Wünschen), die in früher Kindheit ungelöst blieben.

561. Die Summe aller unbewussten psychischen Vorgänge, die vor gefürchteten oder gesellschaftlich abgelehnten Triebimpulsen oder Affekten schützen sollen.

562. Verleugnung, Verdrängung, Projektion, Verschiebung, Wendung gegen das Selbst, Identifikation mit dem Aggressor, Affektisolierung, Reaktionsbildung, Regression

563. Lustgewinn, Triebbefriedigung und Nahrungsaufnahme im Vordergrund, Bedürfnisbefriedigung über den Mund, narzisstische Bedürfnisse, 1. Lebensjahr

564. Bedürfnis nach Autonomie, Selbstbestimmung, Beherrschen der Körperfunktionen, Aktivität, Aggression, Mobilität, 2. und 3. Lebensjahr

565. Konzentration auf Geschlechterrolle, genitales Lustempfinden, Erleben sexueller Unterschiede, 4. u. 5. Lebensjahr, Synonym: ödipale Phase

566. keine augenscheinliche Triebentwicklung, Rückfälle in frühere Phasen, 6. – 10. Lebensjahr

567. erneute Aktivierung sexueller Bedürfnisse, Austesten eigener Fähigkeiten und Grenzen, 10. – 16. Lebensjahr

568. Orale Phase (1. Jahr), Anale Phase (2. u. 3. Jahr), Phallische (ödipale) Phase (4. u. 5. Jahr), Latenzphase (6. – 10. Jahr), Genitalphase (10. – 16. Jahr)

569. Der Betroffene tut so (unbewusst), als ob er bestimmte Dinge oder Aspekte nicht wahrnimmt.

570. Zurückweisung von Impulsen durch Vermeidung von Situationen.

571. Verlagerung gefürchteter Impulse in die Außenwelt; sie werden anderen zugeschrieben.

572. Ein bedrohlicher Impuls wird auf eine wenig bedrohliche Situation oder Person verlagert.

573. Reduzierung belastender Inhalte auf einen neutralen Kern.

574. Belastende Erlebnisse werden möglichst rational erklärt.

575. Ersetzen eines gefürchteten Impulses durch das Gegenteil.

576. Wiederbelebung frühkindlicher Gefühle oder Verhaltensweisen.

577. Wendung gegen Selbst: gefürchteter Impuls wird gegen die eigene Person gerichtet, Identifikation mit Aggressor: Anpassen der eigenen Überzeugung an einen Angreifer (Stockholm-Syndrom)

578. schizoide, narzisstische oder depressive Persönlichkeit, Selbstwertprobleme, Sexualstörungen, Suchtverhalten, Borderline-Störung

579. Zwangsneurosen, zwanghafte Persönlichkeit mit Pedanterie, starke Autonomie- und Machtwünsche, Borderline-Störung

580. hysterisch-neurotische Erkrankungen, hysterische Persönlichkeitsstörung, Sexualstörungen, Sexualängste, Partnerschaftsprobleme, Phobien

581. Verhaltensstörungen, Autoaggression, Konzentrationsmängel, Angst vor Auseinandersetzungen

582. Selbstwertprobleme, Geschlechtsidentitätsstörungen, triebfeindliche Einstellungen

583. Durch Zuwendung und Machtausübung soll der Patient in die frühkindliche Situation versetzt werden.

584. Übertragung: Verschiebung von Besetzungen früher Beziehungen auf gegenwärtige. Gegenübertragung: Übertragung beim Therapeuten

585. Unbewusste Abwehr aufkommender Impulse in der Therapie; zeigt sich durch Vermeiden, Verspäten, Boykott.

586. positive Übertragung: libidinöse Triebableitung auf gegenwärtige Beziehungen; negative Übertragung: aggressive Triebableitung

587. Es handelt sich um eine positive Übertragung, die sich in neurotischer Verliebtheit und Idealisierung im Kontakt mit dem Therapeuten zeigt und hilfreich sein kann in schwierigen Therapiephasen. Heutiger Begriff: Arbeitsbündnis.

588. Nur Teilaspekte einer Beziehung werden übertragen, Teile werden auf Dritte außerhalb der Therapie übertragen. Sie kommt bei Borderline-Patienten vor als Ausdruck früher Teilobjektbeziehungen.

589. An die Stelle der Bewunderung für den Therapeuten tritt das Bedürfnis, vom Therapeuten bewundert zu werden.

590. Verspätungen, Termin vergessen, Boykott der Sitzung, aggressive Impulse gegen Therapeut

591. Patient liegt auf der Couch, dem Therapeuten abgewandt, freies Assoziieren, Therapeut deutet Patientenäußerungen, wöchentliche Sitzungen, Dauer 2-3 Jahre

592. Der Therapeut enthält sich jeder moralischen Bewertung und pflegt keinerlei Kontakt zu Patienten/Klienten außerhalb der Therapie.

593. Fokaltherapie, Kurztherapie, gewährende Psychotherapie, dynamische Psychotherapie

594. Sitzen statt Liegen, Mimik und Gestik gegenseitig sichtbar, keine tiefe Regression, kein starrer Stundenablauf, Mitbestimmung durch Klienten, freier Einstieg seitens des Klienten

595. Einleitung, therapeutische Phase, Therapieabschluss

596. Vor allem bei psychogenen Störungen.

597. Bei schizophrenen Psychosen.

598. Lern- und Kenntnisdefizite.

599. Eltern-Ich, Erwachsenen-Ich, Kind-Ich

600. Eltern-Ich - Über-Ich, Erwachsenen-Ich - Ich, Kind-Ich - Es

601. gesund: Ich-Zustände selbständig und interagierend, krank: Ich-Zustände durchlässig oder völlig getrennt ohne Interaktion

602. Vermischung von Inhalten unter-schiedlicher Ich-Zustände (Transaktions-analyse); auch Trübung genannt.

603. Völlige Trennung der Ich-Zustände (Transaktionsanalyse) ohne gegenseitige Interaktion, auch Abspaltung genannt.

604. Parallel: der angesprochene Ich-Zustand antwortet dem sendenden, Über-kreuzt: ein anderer als der angesprochene antwortet oder der angespro-chene antwortet einem anderen als dem Sender, Verdeckt: neben der di-rekten Antwort wird noch an einen anderen gesendet

605. Das Spiel soll fortlaufende verdeckte Transaktionen sichtbar machen und Ersatzgefühle (Racket-Gefühle) aufdecken.

606. Ersatzgefühle (Transaktionsanalyse) sind Ersatzmuster für Gefühle, die nicht erlaubt sind. Sie sind mit Glaubenssätzen ("Jungen weinen nicht") verbunden, die nicht der wirklichen Gefühlslage entsprechen.

607. Ein Skript ist ein Lebensplan, der geprägt ist durch die Lebensgrundpositi-on, Indoktrinationen, Handlungsanweisungen, Rezepte und Modellverhal-ten.

608. Ich bin O.K. – Du bist O.K. Ich bin nicht O.K. – Du bist O.K. Ich bin nicht O.K. – Du bist nicht O.K. Ich bin O.K. – Du bist nicht O.K. Ich bin O.K. – Du bist O.K.

609. Das auffordernde Ansprechen des Erwachsenen-Ich in der Transaktions-analyse ("Sei ganz du selbst!").

610. Klassische Schule: Auseinandersetzung mit dem Erwachsenen-Ich, Cathe-xis-Schule: Eltern-Ich, Neuentscheidungsschule: Betrachtung der Kind-Entscheidungen und Selbstregulierung

611. Permission, Potenz, Protection

612. Skriptanalyse, Spielanalyse, Transaktionsanalyse i. e. Sinne, Strukturana-lyse

613. Ein angeborenes Bestreben, Erfahrungen auszuwerten und für die eigene Person zu beurteilen.

614. Die angeborene Bestrebung nach freier Entfaltung und Weiterentwicklung.

615. Kongruenz liegt dann vor, wenn das bewusste Selbst (Selbstkonzept) einer Person mit den Einschätzungen des organismischen Wertungssystems übereinstimmt.

616. Aktualisierungstendenz, organismisches Wertungssystem, Bedürfnis nach positiver Beachtung

617. Inkongruenz (Gesprächspsychotherapie) ist die Abweichung zwischen dem Erleben des bewussten Selbst (Selbstkonzept) und dem organismischen Wertungssystem (eigentliches Selbst).

618. Weil sie davon ausgeht, dass eine Störung gleichbedeutend mit der Inkongruenz ist, d. h. der Abweichung zwischen organismischem Wertungssystem und bewusstem Selbst.

619. Verzicht auf moralische Wertungen oder Beurteilungen der Klientenäußerungen.

620. bedingungsfreies Akzeptieren, einfühlendes Verstehen (aktives Zuhören), Echtheit

621. Der Therapeut ist mit seinen Empfin-dungen in der Therapie unmittelbar vorhanden, spielt keine aufgesetzte Rolle.

622. Aufgreifen und Verbalisieren der vom Klienten mitgeteilten, unterschwelligen Gefühle durch aktives Zuhören.

623. Deutungen kommen in der Gesprächspsychotherapie nicht vor!

624. Prätherapiephase, Symptomphase, Beziehungs- und Konfliktphase, Abschiedsphase

625. Weil sie auf Freiwilligkeit beruht und dazu eine Krankheitseinsicht beim Klienten vorliegen muss.

626. Psychogene Störungen und sekundäre Neurotisierungen.

627. Durch nicht gelungene Vervollständigung unvollständiger oder konflikthafter Gestalten und Verdrängungen. Beim Abrufen der unvollständigen Gestalt als Handlungsgrundlage kann nicht kompetent gehandelt werden.

628. Gestalttherapiegesetze: Prägnanzgesetz: Neigung, unvollständige Wahrnehmungen innerlich zu vervollständigen; Isomorphie: Konflikte bilden sich immer gleichzeitig körperlich und emotional ab

629. Klischeephase, Rollenspielphase, Blockierungsphase, Implosionsphase, Explosionsphase

630. dialogisches Gespräch, leerer Stuhl, Rollenspiele, Traumbearbeitung, Fantasieübungen, Körperarbeit, Malen, Modellieren

631. Vor allem psychogene Störungen, Kontraindikation bei Psychosen!

632. Ein neuer Reiz wird mit einem natürlichen (unconditioned stimulus) zusammengebracht. Bei häufiger Wiederholung löst der neue Reiz als konditionierter Reiz die gleiche Reaktion aus wie der natürliche.

633. Lernen durch Reizsubstitution, Signallernen

634. Der neu zu lernende Reiz und der natürliche müssen zeitlich eng bei einander liegen (Kontiguität). Bekräftigung, also Stabilisierung der gelernten Reaktion, erfolgt durch Wiederholung.

635. Die Löschung eines gelernten Verhaltens durch ausbleibende Bekräftigung.

636. Reizgeneralisierung: ähnliche Reize lösen die gleiche Reaktion aus. Reizdiskriminierung: ähnliche Reize werden unterschieden und lösen nicht die gleiche Reaktion aus.

637. Ein Verhalten wird durch Verstärkungen gefestigt (Belohnungen).

638. Die Wahrscheinlichkeit, mit der eine betimmte Konsequenz einem Verhalten folgt; entscheidend für operante Lernprozesse.

639. positive Verstärkung: Zufuhr einer angenehmen Konsequenz; negative Verstärkung: Wegnehmen einer unangenehmen Konsequenz

640. positive Bestrafung: Zufuhr einer unangenehmen Konsequenz, negative Bestrafung: Wegnehmen einer angenehmen Konsequenz

641. materielle, soziale, Aktivitätsverstärker, informative, verdeckte

642. Lernen durch Beobachten und Nachahmen eines Vorbildes.

643. Imitationslernen, Beobachtungslernen, Nachahmungslernen

644. Aneignungsphase: Aufmerksamkeit, Gedächtnisprozesse; Ausführungsphase: motorische Reproduktion, Verstärkung, Motivation

645. modellierender Effekt: Aufbau neuer Verhaltensweisen durch Modelllernen; hemmender, enthemmender Effekt: Unterdrückung oder Verstärkung eines bereits gelernten Verhaltens durch Beobachtung eines Vorbildes; auslösender Effekt: Auslösen eines bereits gelernten Verhaltens aufgrund von Beobachtungen

646. Problemstellung, Verhaltensanalyse, Zielanalyse, Festlegung des Problemlöseprozesses, Erprobung und Bewertung, Therapieende

647. Chaining: Verstärkung des Zielverhaltens, Shaping: schrittweiser Verhaltensaufbau, Prompting: Aufmerksamkeitslenkung

648. Stimuluskontrolle: Fixierung von Aufforderungen, Verstärkungen

649. Bestrafungen, Löschung: Ausbleiben von Verstärkungen, Time-Out: Situationsunterbrechung, Response Cost: Gegenleistung bei nicht erwünschtem Verhalten

650. Selbstbeobachtung, Selbstverstärkung/-bestrafung, soziale Kontrakte, Stimuluskontrolle, Gedanken-Stopp, verdeckte Konditionierungen

651. system. Desensibilisierung: gedankliche Konfrontation mit unangenehm besetzter Situation; schrittweise Anheben des Reizes über Angsthierarchie zum Anheben der Auslöseschwelle; Flooding: Reizüberflutung durch Maximalreiz mit dem Ziel der Symptomreduktion

652. Situationsdefinition, diagnostisches Rollenspiel, Instruktionsvereinbarungen, therapeutisches Rollenspiel, Rückmeldung

653. Analyse Ist-Zustand, Analyse Soll-Zustand, Suche nach Alternativen, Bewertung der Alternativen, Erstellen des Handlungsplans, Ausführung, Erfolgskontrolle

654. Aufklärung, Verhaltensbeobachtung, Instruktion, Rollenspiel, Feed-Back, Rückfallprävention

655. Verlassen der Situation, Abreagieren, situative Entspannung, Wahrnehmungslenkung, Selbstgespräche, Entspannung und Autoregulation, Planung und Zeitmanagement

656. S = problematische Situation, O = Organismus, R = konkretes Verhalten, P = Lebensgeschichte, E = Erwartungen, Pläne, C = Konsequenzen eines Verhaltens, K = Kontingenz

657. Mikroebene: problematisches Erleben in der konkreten Situation; Makroebene: Lebensgeschichte und übergeordnete Funktionen (sek. Krankheitsgewinn)

658. Unterrichtsphase, Übungsphase, Anwendungsphase

659. Behaviorismus

660. Die Verhaltenstherapie geht davon aus, dass Lernprozesse gleichermaßen für passendes wie unpassendes Verhalten verantwortlich sind, während die tiefenpsychologischen Ansätze von frühkindlichen Konfliktverdrängungen ausgehen.

661. Betonung kommunikativer Strukturen (Familienskulpturen, Familienaufstellungen)

662. strukturelle Familientherapie: Schwerpunkt auf Strukturen zwischen Eltern und Kindern; Mehrgenerationenkonzept: Betrachtung unsichtbarer Bedingungen über Generationen hinweg

663. Verordnung des Symptoms (z. B. Grübelplan); auch Ordeal genannt.

664. 2 Therapeuten arbeiten mit der Familie, 2 Therapeuten beobachten hinter einem Einwegspiegel, gemeinsame Auswertung ohne Familie, dann einbeziehen der Familie

665. Die Frage lautet: "Was würde sich ändern, wenn das Problem über Nacht verschwinden würde?" und gehört zur systemischen Therapie.

666. Das Reflecting-Team bezieht die Familie unmittelbar in die Auswertung mit ein.

667. Das Einordnen in einen neuen Bezugsrahmen zum Perspektivwechsel.

668. Vor allem mit Kommunikationsstrukturen innerhalb eines Systems.

669. Weil das Psychodrama nur als Gruppentherapie möglich ist (Rollenspiele) und nur Störungen im zwischenmenschlichen Kontakt thematisiert.

670. Mit Rollenspielen in Gruppen.

671. NLP verfügt über kein Störungskonzept. Es geht davon aus, dass Jeder alles lernen kann.

672. Pacing (Schrittmachen) und Leading (Führen) bezeichnet die Initiative des Therapeuten/Coaches beim NLP.

673. Freie Assoziation zu Bildmotiven.

674. Beratung, Coaching, Schulung, Personalentwicklung

675. Weil es sich um ein Tiefenentspannungsverfahren handelt, die eine psychotische Episode provozieren können.

676. Blumenwiese, Landschaft, Bergbesteigung, Haus, Dunkelheit

677. ein Viertel aller Menschen gut hypnotisierbar, zwei Drittel mäßig bis gut, 10 Prozent nicht hypnotisierbar

678. Unruhezustände, psychosomatische Beschwerden, Phobien, Schmerzlinderung

679. soziogene Neurose (Verantwortungsflucht), noogene Neurose (geistige Problematik, sittlicher Konflikt), psychogene Neurose (nach Freud), Kontraindikation: Psychosen, Ich-Störungen

680. Handlungen, die auf Feststellung, Heilung oder Linderungen menschlicher Krankheiten, Körperschäden und Leiden gerichtet sind.

681. Befund, diagnostische Einordnung, Begründung der therapeutischen Entscheidungen

682. Zum Abwenden von Gefahren für den Klienten/Patienten oder andere!

683. Die Bestellung eines Betreuers für Menschen, die aufgrund körperlicher oder psychischer Probleme nicht alle ihre Angelegenheiten selbst erledigen können.

684. Das Amtsgericht ordnet an, nachdem ein psychiatrisches Gutachten vorgelegt wurde und die zu betreuende Person angehört wurde.

685. Psychische oder körperliche Erkrankung oder Behinderung und gleichzeitig (teilweise) Unfähigkeit, die eigenen Angelegenheiten zu regeln.

686. Aufenthalt, ärztliche Behandlung, Vermögen

687. Die Geschäftsfähigkeit der betreuten Person wird nicht geprüft. Der Betreuer muss im Interesse der betreuten Person und nach ihren Entscheidungen handeln. Liegt eine nachgewiesene Einwilligungsbeeinträchtigung vor, so muss bei persönlichen Angelegenheiten der Betreuer zustimmen.

688. Wenn die Behandlung das Leben der betreuten Person deutlich gefährdet.

689. Bei akuter Suizidalität oder notwendiger stationärer Behandlung.

690. maximal 2 Jahre

691. Psychische Erkrankung und gleichzeitige Gefahr für sich selbst oder die öffentliche Ordnung.

692. Einleitung durch die Polizei, ärztliche Stellungnahme, richterliche Anordnung

693. aufgehobene: § 20 StGB, verminderte: § 21 StGB

694. Voraussetzung 1: Psychose oder tief greifende Bewusstseinsstörung oder schwere Intelligenzminderung oder schwere seelische Abartigkeit; Voraussetzung 2: Zur Tatzeit Unfähigkeit, Unrecht einzusehen oder nach dieser Einsicht zu handeln.

695. Für den Zeitraum der Tat!

696. § 63 StGB

697. § 64 StGB

698. Nein. Nur wenn die Straftat mit der Suchtneigung zu tun hat, d. h. im Rausch oder unter Einfluss der Folgewirkungen der Sucht begangen wurde.

699. Wenn eine Entziehungskur von vornherein aussichtslos erscheint. Ersatzweise wird in die geschlossene Psychiatrie eingewiesen.

700. Weil die Gefahr einer Wiederholung bei anhaltender Krankheit besteht.

Empfehlung von Wolfgang Zimmer

„Ein Blick hinter die Quantenenergie"

Taylor Moone stellt die menschliche Seele in den Mittel-punkt des göttlichen Schöpfungsplans. Mit seinen Ausfüh-rungen zum Wesen der menschlichen Seele, das er mit dem Seelen-Code greifbar macht, zeigt der Autor auf anschauliche Art und Weise, dass nicht Gott oder das Universum, son-dern jeder einzelne Mensch die Schöpfung erfüllt. Die Seele selbst wird mit ihrem einfachen Code zum Grundprinzip der Schöpfung. Seine These besagt, dass jeder Mensch Glück, Er-folg und Wunscherfüllung erleben wird, wenn er den Seelen-Code erkennt.

Der Seelen Code - ISBN 978-3-8391-5363-5